rowohlts monographien
begründet von Kurt Kusenberg
herausgegeben
von Wolfgang Müller und Uwe Naumann

Antonio Vivaldi

**mit Selbstzeugnissen
und Bilddokumenten
dargestellt von
Michael Stegemann**

bildmono ro ro ro graphien

Rowohlt

Für Nicole und Katharina

Dieser Band wurde eigens für «rowohlts monographien» geschrieben
Den Anhang besorgte der Autor (Werkverzeichnis aktualisiert: März 1988)
Herausgeber: Beate Kusenberg und Klaus Schröter
Assistenz: Erika Ahlers
Schlußredaktion: K. A. Eberle
Umschlaggestaltung: Werner Rebhuhn
Vorderseite: Effigies Antonii Vivaldi. Kupferstich von F. M. La Cave, 1725
Rückseite: Nach einem Gemälde von Canaletto, Venedig,
die Piazetta mit Campanile (Historia Photo, Hamburg)

Veröffentlicht im Rowohlt Taschenbuch Verlag GmbH,
Reinbek bei Hamburg, Februar 1985
Copyright © 1985 by Rowohlt Taschenbuch Verlag GmbH,
Reinbek bei Hamburg
Alle Rechte an dieser Ausgabe vorbehalten
Satz Times (Linotron 202)
Gesamtherstellung Clausen & Bosse, Leck
Printed in Germany
1290-ISBN 3 499 50338 7

6. Auflage. 22.–23. Tausend März 1996

Inhalt

Prolog 7

«Genius loci» – Venedig und seine Musik 11

Der «prete rosso» –
Vivaldis Kindheit, Jugend und klerikale Laufbahn (1678–1703) 16
   Die Kirchenmusik 24

Der «Maestro di violino» –
Vivaldi am Ospedale della Pietà (1703–1713) 33
   Die Sonaten und Concerti für Violine 44

«Il Teatro alla Moda» –
Vivaldi als Impresario und Opernkomponist (1713–1725) 55
   Die Opern und weltlichen Vokalwerke 74

Der «Maestro de concerti» –
Vivaldis Reisejahre und die letzte Zeit an der Pietà (1726–1740) 87
   Die Sinfonien und Concerti für verschiedene Instrumente 107

Epilog – Tod (1741) und Renaissance 114

Anmerkungen 120

Zeittafel 126

Zeugnisse 128

Werkverzeichnis 130

Bibliographie 143

Namenregister 155

Über den Autor 158

Quellennachweis der Abbildungen 158

Bildnis eines Musikers. Anonymer Meister (vgl. S. 10)

Prolog

Fast zwei Jahrhunderte lang lag das Leben Antonio Vivaldis weitgehend im Dunkel der Geschichte verborgen. Das wenige, was man aus Zeugnissen seiner Zeitgenossen erfuhr, genügte kaum, um eine Biographie zu skizzieren, und war überdies oft ungenau oder sogar falsch. Anekdoten mußten die Fakten ersetzen und wurden von Quelle zu Quelle kolportiert. Selbst in bezug auf Geburts- und Sterbedatum des Komponisten war man auf Mutmaßungen angewiesen. So galt es beispielsweise als gesichert, daß Vivaldi 1743 in Venedig sein Leben beendet hatte, bis der italienische Musikwissenschaftler Rodolfo Gallo 1938 in den handschriftlichen «Commemoriali»[1]* des Pietro Gradenigo den Hinweis entdeckte, «der so geschätzte Komponist» sei «arm in Wien gestorben». Im Zuge weiterer Nachforschungen fand Gallo dann im Totenbuch des Dom- und Metropolitanpfarramtes Sankt Stephan zu Wien zwei Eintragungen, daß «Der wohl Ehrwürdige Herr Antoni Vivaldi, Weltl. Priester» am 28. Juli 1741 auf dem «Spitaller Gottsacker»[2] zu Grabe getragen worden war.

Abermals mußte ein Vierteljahrhundert vergehen, bevor es dem Musikforscher Emil Paul gleichsam zufällig gelang, den Taufakt Vivaldis in den Pfarrbüchern der venezianischen Gemeinde San Giovanni in Bràgora aufzuspüren.[3] Das mehrfach überlieferte Geburtsjahr 1681 war zwar schon lange angezweifelt worden, doch erst seit 1963 weiß man mit Sicherheit, daß «Antonio Lucio, Sohn des Herrn Gio:Batt[ist]a [...] Vivaldi, Musiker, und der Frau Camilla»[4] am 4. März 1678 in Venedig das Licht der Welt erblickt hatte.

Obwohl man also Geburts- und Sterbedatum des Komponisten kennt, die Stationen seiner klerikalen Laufbahn nachzeichnen kann und eine Reihe von Dokumenten über sein Wirken als Musiker besitzt, enthält die topographische Biographie Vivaldis nach wie vor weiße Flecken. Belegt sind die Jahre, die er in Venedig im Dienst des Ospedale della Pietà verbrachte, desgleichen einige Reisen – etwa nach Vicenza, Rom oder Amsterdam – und sein zweieinhalbjähriger Aufenthalt am Hof des Landgrafen Philipp von Hessen-Darmstadt zu Mantua. Wo aber muß man ihn in der Zeit zwischen dem Sommer 1729 und dem Sommer 1731 suchen? Manches spricht dafür, daß er sich in Wien aufhielt, anderen Vermutungen zufolge soll er sich nach Prag begeben haben, doch schlüssige Beweise

* Die hochgestellten Ziffern verweisen auf die Anmerkungen S. 120f.

Antonio Vivaldi. Karikatur von Pier Leone Ghezzi, 1723

für diese Thesen hat man bislang nicht gefunden. Ebenso ungewiß ist Vivaldis Schicksal nach seinem Abschied von der Pietà im Spätsommer 1740; erst Ende Juni des darauffolgenden Jahres – wenige Wochen vor seinem Tod – weist eine handschriftliche Quittung den Komponisten in Wien nach, über die dazwischenliegenden Monate ist nichts bekannt.

Einer Darstellung von Leben und Werk Antonio Vivaldis mit Selbstzeugnissen und Bilddokumenten sind enge Grenzen gesetzt. Allzuwenig ist überliefert: abgesehen von der rund zwanzig Briefe umfassenden Korrespondenz des Komponisten mit dem Marchese Guido d'Aragona Bentivoglio[5], einem weiteren Brief an Antonio Mauro[6] und den Widmungen, die Vivaldi den Druckausgaben einiger seiner zu Lebzeiten erschienenen Werke voranstellte, geben höchstens Marginalien in den Manuskripten seiner Partituren biographisch interessante Hinweise. Andere Zeugnisse, wie sie sich beispielsweise in den «Mémoires» Carlo Goldonis[7] oder im Reisetagebuch des Johann Friedrich Armand von Uffenbach[8] finden, sind zwar von großer Wichtigkeit für Vivaldis Biographie, als Sekundärquellen aber nur von bedingter Verwertbarkeit. Dasselbe gilt für die Dokumente über Vivaldis Tätigkeit am Ospedale della Pietà.

Auch die äußere Erscheinung des Komponisten läßt sich nur an Hand weniger Abbildungen belegen. Im Grunde können lediglich zwei Porträts den Anspruch auf Authentizität erheben: die Karikatur, die Pier Leone Ghezzi 1723 in Rom skizzierte, und der zeittypisch unpersönliche Kupferstich von François M. La Cave, 1724 oder 1725 entstanden; nach diesem Stich dürfte auch das von Eitner[9] erwähnte Bildnis Caldwells angefertigt worden sein, das John Hawkins 1776 in seiner «General History of the Science and Practice of Music»[10] wiedergibt. Daß es sich bei dem berühm-

Das aus den Buchstaben «A Vivaldi» gebildete Monogramm des Komponisten, das sich auf zahlreichen seiner handschriftlichen Partituren findet

Antonio Vivaldi.
Stich von J. Caldwell

ten, immer wieder reproduzierten Musikerbildnis eines anonymen Meisters tatsächlich um eine Darstellung Vivaldis handelt, wie Francesco Vatielli auf Grund einer roten Haarlocke vermutet hat[11]*, ist ebensowenig bewiesen wie die Authentizität anderer Porträts.

Die Ungewißheit der Biographie Vivaldis wurde lange Zeit von der Unkenntnis seiner Werke womöglich noch übertroffen. Bis in die zwanziger Jahre galten sie als «fast gänzlich verschollen»[12]; abgesehen von denen, die in Drucken des 18. Jahrhunderts überliefert waren – ihre Zahl entspricht nicht einmal einem Sechstel von Vivaldis Instrumentalschaffen, Opern und kleinere Vokalkompositionen waren gar nur dem Titel nach bekannt –, wußte man von vielen nur durch die Bearbeitungen Johann Sebastian Bachs. Die spektakuläre Auffindung von vierzehn Bänden mit rund vierhundert Manuskripten Vivaldis in der Collegial-Bibliothek eines Piemonteser Klosters im Herbst 1926 leitete dann eine weltweite Vivaldi-Renaissance ein, deren Ende nicht abzusehen ist.[13] Seither ist kaum ein Jahr vergangen, in dem nicht weitere, bislang unbekannte Werke des venezianischen Meisters zutage gebracht wurden, so daß jede monographische Studie – die hier vorgelegte nicht ausgeschlossen – a priori fragmentarischen Charakter haben muß.

* Vgl. das Frontispiz dieses Bandes.

«Genius loci» –
Venedig und seine Musik

Um die Mitte des 5. Jahrhunderts versetzte ein Name ganz Europa in panischen Schrecken: Attila, die «Geißel Gottes», und sein Hunnenheer hatten das byzantinische Reich überrollt und drangen nach Westen vor. Sengend und mordend gelangten sie bis vor die Stadttore von Orléans, wo ihnen Aetius und Theoderich die erste bedeutende Niederlage beibrachten. Attila zog sich zunächst nach Troyes zurück, dann, nach der verlorenen Schlacht auf den Katalaunischen Feldern, bis zur Donau. Von dort aus fiel er mit seinen schon von Erschöpfung und Krankheit gezeichneten Truppen 452 in Norditalien ein, eroberte und zerstörte Mailand, Pavia und Aquileja, die damalige Hauptstadt der Provinz Venetien. Ihre Bewohner flüchteten sich auf die der Küste vorgelagerten Laguneninseln, wo sie auch nach dem Friedensabkommen Attilas mit Papst Leo I. blieben, um hier eine der erstaunlichsten Städte der Welt zu gründen.[14]

Schon bald machte sich Venedig als See- und Handelszentrum des adriatischen Raums einen Namen, doch seine Rolle als Weltmacht sicherte es sich erst durch den abenteuerlichen Raub der Reliquien des heiligen Markus aus Alexandria, die 828 oder 829 in der Lagunenstadt eintrafen. Der Doge (abgeleitet vom lateinischen «dux» bzw. dem italienischen «duce»: «Führer») Justinian Partecipacio ernannte ihn zum Schutzpatron seines Reiches und sagte sich zugleich von Byzanz los, unter dessen Ägide Venedig bisher gestanden hatte. 830 begann man mit dem Bau einer Basilika, die um 1085 dem heiligen Markus geweiht wurde und schon damals über eine Orgel verfügte; seit Anfang des 14. Jahrhunderts sind die Organisten von San Marco nahezu lückenlos belegt.[15] Zu dieser Zeit befand sich Venedig auf Grund der brutalen, aber erfolgreichen Politik des Dogen Enrico Dandolo auf dem Gipfel seiner Macht und war als «Regina dell'Adriatico» geachtet, beneidet und gefürchtet.

«Kein Land auf der Welt hatte einen so herrlichen Raum für ... Feste als Venedig mit seinem St. Markusplatz.»[16] Anlaß zu solchen Festen gab ebenso die Wahl eines neuen Dogen – seit 1032 war das Recht auf Vererbung des Amtes aufgehoben – wie die traditionelle Vermählung der Stadt mit dem Meer, zu der alljährlich am Himmelfahrtstag der Doge auf seinem Prunkschiff, dem Bucintoro, zum Lido hinausfuhr. Die glänzende Inszenierung solcher Staatsfeierlichkeiten, zu denen auch ausländische Gesandtschaften geladen wurden, diente nicht zuletzt einem politischen

11

Der Innenraum von San Marco. Gemälde von Francesco Guardi

Zweck: Reichtum und Rang Venedigs sollten nach außen hin dokumentiert werden, etwaige Feinde der «Serenissima Repubblica» einschüchtern und die Handelspartner blenden. Mehrstimmige Huldigungsmotetten, wie sie zum Beispiel Johannes Ciconia 1400 zur Inthronisation des Dogen Michiel Steno komponierte[17], sangen das Lob der Stadt und prägten ihr offizielles musikalisches Bild. Das Volk dagegen pflegte vor allem mehrstimmige Liedformen wie Frottola oder Lauda; Ottaviano Petrucci, der erste Musikverleger Europas und Erfinder des Notendrucks mit beweglichen Typen, veröffentlichte in Venedig allein zwischen 1504 und 1509 neun Bände mit über sechshundert Frottolen. Petrucci war es auch, der Venedig zum internationalen Zentrum des Musikverlagswesens machte[18], eine Stellung, die die Stadt noch zu Lebzeiten Vivaldis behauptete.

Die unerschöpfliche Quelle des venezianischen Wohlstands war der Handel mit dem Orient. Seit 1082 besaß die Republik konkurrenzlose Niederlassungen in Konstantinopel, und damit das Monopol auf alle Arten von kostbaren Stoffen, edlen Hölzern und Gewürzen, die über den Landweg von Asien nach Europa gelangten. Mit der Eroberung Konstantinopels durch die Türken im Jahre 1453 begann dann der unaufhaltsame wirtschaftliche und politische Niedergang Venedigs, der mit der Entdeckung des Seewegs nach Indien durch Vasco da Gamas Expedition der Jahre 1497 bis 1499 noch beschleunigt wurde. Wie um den drohenden Ruin zu verleugnen, entfaltete Venedig gerade damals seine ganze künstlerische Pracht; zahlreiche Patrizierbauten zu Seiten des Canal Grande – darunter der Palazzo Dario, die Ca'Foscari und der Palazzo Corner-Spinelli – stammen aus dieser Zeit des ausgehenden 15. Jahrhunderts, aber auch Kirchen wie Santa Maria dei Miracoli und wesentliche Teile der Piazza San Marco und des Dogenpalastes.[19] Hand in Hand mit dieser Blüte der venezianischen Architektur entwickelten sich «Scuole veneziane» in Malerei und Musik und machten Venedig zum «kulturellen Mittelpunkt der Welt»[20], als es seinen Rang als politischer Mittelpunkt bereits verloren geben mußte.

Die eigentliche Blütezeit der venezianischen Musik begann mit dem Amtsantritt Adrian Willaerts – wie Ciconia stammte er aus Flandern und war erst als etwa Dreißigjähriger nach Italien gekommen – als «Magister capellae cantus ecclesiastice Sancti Marci» im Jahre 1527. Er war es, der den spezifischen venezianischen Instrumentalstil begründete, mit seinen doppelchörigen Vokalwerken der architektonischen Besonderheit von San Marco Rechnung trug (und damit die Canzonen Giovanni Gabrielis ebenso vorbereitete wie die *Concerti in due cori*[21] Vivaldis), und ihm verdankte die Basilika ihren Ruf als einzigartige Stätte der Musikpflege. In Willaerts Nachfolge traten Andrea Gabrieli und sein Neffe Giovanni hervor, Baldissera Donato und Giovanni Croce, vor allem aber Claudio Monteverdi, der im August 1613 zum «Maestro di capella» von San Marco ernannt wurde.[22]

Mit Monteverdi veränderte sich das Gesicht der venezianischen Musik entscheidend: die von Willaert gepflegte Doppelchörigkeit mußte dem solistisch ausgerichteten «stile concertato» weichen, vokale und instrumentale Virtuosität nahmen ihren Aufschwung, und die noch junge Gattung der Oper ließ das Interesse an der Kirchenmusik deutlich zurückgehen. Die besondere Sozialstruktur der Republik ließ die Oper zu einem nicht nur exklusiven Kreisen zugänglichen Volksspektakel werden, «das Lieblingsvergnügen der Venetianer war das Theater»[23]. Die öffentlichen Opernhäuser – das erste, San Cassiano (wie die meisten anderen nach der nächstgelegenen Kirche benannt), wurde 1637 mit Francesco Manellis «L'Andromeda» eingeweiht, bis 1699 folgten fünfzehn weitere Theater[24] – wurden von Impresarii zu eigenem Gewinn betrieben und durch Abonnements der Logen und freien Billettverkauf für das Parkett finanziert. Komponisten wie Monteverdi, Pier Francesco Cavalli, Giovanni Legrenzi oder Francesco Gasparini verhandelten direkt mit dem jeweiligen Impresario, hochdotierte Sänger wurden verpflichtet («Das Publikum war in seiner Begeisterung überschwänglich. Man begnügte sich nicht mit Beifallklatschen, sondern man rief der Sängerin Verse und zärtliche Redensarten zu, um sein Entzücken auszudrücken.»[25]), prunkvolle Bühnenbilder und Kostüme wurden entworfen und alle Effekte der komplizierten Bühnenmaschinerie ausgenutzt: das Ergebnis waren für Auge und

Konzert der «ospealiere». Gemälde von Francesco Guardi

Ohr gleichermaßen opulente Aufführungen, die ihresgleichen im übrigen Europa nicht hatten.

Währenddessen versuchte die Capella Ducale von San Marco verzweifelt, ihren Rang im venezianischen Musikleben zu behaupten. Dabei mußte sie nicht allein gegen die Übermacht der Oper und die Abwanderung von Musikern auf Grund gekürzter Geldmittel ankämpfen, sondern mehr noch gegen die Institution der «Ospedali». Ursprünglich handelte es sich dabei um Wohlfahrtseinrichtungen zur Aufnahme von Waisen, Kranken und Armen, doch seit Anfang des 17. Jahrhunderts wurden den Ospedali Konservatorien angegliedert, deren regelmäßige Konzerte weit über die Grenzen der Republik hinaus berühmt waren. Wer immer die Stadt besuchte – Charles de Brosses, Charles Burney, Jean-Jacques Rousseau oder später Johann Wolfgang von Goethe – ließ sich den Besuch eines Konzerts am Ospedale della Pietà, dei Mendicanti, degli Incurabili oder am Ospedaletto nicht entgehen, und auch Staatsbesuchen wurde diese Seite des venezianischen Musiklebens nicht vorenthalten.

Aber der Glanz der Kunst und die Pracht des Stadtbildes, wie sie sich in den Bildern Canalettos oder Guardis widerspiegelt, waren trügerisch. Der äußere und innere Verfall Venedigs ließen sich nicht mehr aufhalten. Der Adel verschwendete seinen Reichtum in rauschenden Festen, ohne

14

gewahr zu werden, daß die Quellen der Prosperität längst versiegt waren; «der Aufwand und die Eitelkeit übersteigen gegenwärtig alle Grenzen; das ist ein Zeichen für die Erschlaffung des Geschlechts: Die Männer gehen mit der Vergeudung ihres Besitzes zu Grunde»[26]. Hinzu kam ein rapider Verfall der Sitten: aus Stolz wurde Frechheit, aus Patriziern Verbrecher. Raubende und mordende Banden, sogenannte «Bravi» oder «Signoretti», machten die Straßen der Stadt unsicher; «früher wurde das Schwert zur Vertheidigung des Vaterlandes gezogen, jetzt für Händel und Raufereien»[27]. Moral wurde nur noch mit kleiner Münze gehandelt: hinter den prunkvollen Fassaden der Palazzi gab man sich hemmungslosen Ausschweifungen hin, an denen oft auch der Klerus beteiligt war, die Prostitution nahm überhand. «Eine merkwürdige Zeit, ein Wechsel von lärmenden Festen und geheimen Verwünschungen, verborgenem Elend und trügerischem Prunk, von heuchlerischem Schein und von schönen Formen umkleideter Sittenlosigkeit.»[28]

In dieser «merkwürdigen Zeit» kommt 1678 Antonio Vivaldi zur Welt.

In Frankreich regiert der «Roi Soleil» Ludwig XIV., in dessen Auftrag Jules Hardouin-Mansart den Bau des Schlosses von Versailles weiterführt; Jean de La Fontaine schreibt das siebente Buch seiner «Fables», Madame de La Fayette «La Princesse de Clèves», den ersten psychologischen Roman der Weltliteratur; Jean-Baptiste Lully komponiert seine Oper «Psyché». In England gefährdet die zum papistischen Komplott aufgebauschte Oates-Affäre die Herrschaft von Karl II.; Henry Purcell, Nachfolger Matthew Lockes an der Westminster Abbey, komponiert seine Bühnenmusik zu Shakespeares «Tymon of Athens», Thomas Britton gründet in London die erste musikalische Gesellschaft. In Holland kommen die ersten Chrysanthemen aus Japan an; es ist das Todesjahr des Genremalers Jakob Jordaens. Das Heilige Römische Reich Deutscher Nation muß nach dem Frieden von Nimwegen Lothringen an Frankreich abtreten; in Hamburg wird die Gänsemarkt-Oper mit Georg Philipp Harsdörffers «Der erschaffene, gefallene und aufgerichtete Mensch» feierlich eröffnet, Dietrich Buxtehude komponiert seine Kantate «Die Hochzeit des Lammes». Zar Fedor Alexejewitsch III. kämpft gegen das türkische Heer. In Rom lenkt Papst Innozenz XI. die Geschicke der katholischen Kirche.

Der «prete rosso» – Vivaldis Kindheit, Jugend und klerikale Laufbahn (1678–1703)

Der in Italien heute noch gebräuchliche Familienname Vivaldi läßt sich bis zur Mitte des 12. Jahrhunderts zurückverfolgen, ohne daß es freilich möglich wäre, eine detaillierte Genealogie des Komponisten zu erstellen. Der mehrfach kolportierte Hinweis auf seine mutmaßliche Abkunft von den Genueser Brüdern Ugolino, Vadino und Guido Vivaldi, die 1291 auf der Suche nach dem Seeweg nach Indien den Tod fanden, ist jedenfalls nicht näher zu belegen, auch wenn sich die Nachweise des Namens noch im ausgehenden 16. Jahrhundert auf Genua konzentrieren.

Giovanni Battista (Gianbattista), Antonios Vater, wurde 1655 in Brescia als Sohn des Agostino Vivaldi und seiner Frau Margherita geboren. Zumindest zwei seiner Geschwister sind (als spätere Zeugen seiner Ehefähigkeit[29]) namentlich bekannt: Agostino (geb. um 1643), und Antonio Casari (geb. um 1649) – wahrscheinlich der Sohn einer Verwandten, der im Hause aufgezogen und an Kindes Statt angenommen worden war. Mit diesen drei Kindern übersiedelte die inzwischen verwitwete Margherita Vivaldi etwa 1665 nach Venedig und zog in die Nähe der Kirche dei Santi Apostoli, etwa sechs Jahre später dann in die zur Pfarre von San Martino gehörige Ca'di Dio am Canale di San Marco, im Westen der Stadt.[30]

Giovanni Battista erlernte zunächst das Handwerk eines Barbiers (das zwei seiner Söhne später ebenfalls ergriffen), scheint sich aber damals schon auch als Geiger betätigt zu haben. Am 11. Juni 1676[31] – wenige Tage nachdem der «stato libro» des Brautpaares bestätigt worden war[32] – heiratete Giovanni Battista Vivaldi die Tochter eines venezianischen Schneiders, Camilla Calicchio, in der Kirche San Giovanni della Zuecca. Das junge Paar bezog ein Haus am Campo grando der Chiesa San Giovanni in Bràgora (möglicherweise die Ca'Salamon, das Elternhaus Camillas), wo am Freitag, dem 4. März 1678 Antonio Lucio Vivaldi als erstes von neun Kindern das Licht der Welt erblickte.

Die Hebamme, eine «Madama Margarita» aus Verona, nahm «per pericolo di morte»[34] eine Nottaufe vor; ob diese «Todesgefahr» auf die schwächliche Konstitution des Kindes zurückzuführen ist oder aber, wie Vivaldis Biograph Remo Giazotto angibt[35], auf ein Erdbeben, das an diesem 4. März Venedig erschüttert haben soll, ist ungewiß. Die Tatsache allerdings, daß die offizielle Taufe erst zwei Monate später – am 6. Mai[36] – vorgenommen wurde, scheint eher auf eine labile, sich nur langsam konsolidierende Gesundheit des Säuglings hinzuweisen. Außerdem hat Vivaldi selbst einmal erklärt, er leide an *einem Übel, das mich seit meiner Geburt bedrängt*[37].

Sein Vater hatte sich damals schon endgültig für die Musik entschieden und wird im Taufakt als «sonador», als Berufsmusiker, qualifiziert. Als Geiger muß er in hohem Ansehen gestanden haben, und sein Name findet sich auch unter den Gründern der 1685 konstituierten «Sovvegno de musicisti di Santa Cecilia»[38]; das Haupt dieser Musikvereinigung war Giovanni Legrenzi, der im selben Jahr als Nachfolger Natale Monferratos zum «Maestro di capella della chiesa ducale di San Marco» berufen worden war. Legrenzis erste Amtshandlung bestand in einer entscheidenden Vergrößerung des Orchesters, der am 23. April 1685[39] per Ratsbeschluß zugestimmt wurde. Zu den neu angestellten Musikern gehörte auch – mit einem Jahresgehalt von 15 Dukaten[40] – Antonios Vater, der in dem Dokument bezeichnenderweise als «Gio:Baptista Rossi» angeführt wird; das rote Haar scheint in der Tat ein ebenso exklusives wie weithin bekanntes Charakteristikum der Vivaldis gewesen zu sein, und der Beiname «Rossi» oder «rosso» war manchem geläufiger als der eigentliche Familienname.[41]

Die offenbar enge Beziehung Giovanni Battista Vivaldis zu Giovanni Legrenzi hat schon früh die Vermutung angeregt, Antonio habe bei dem Kapellmeister von San Marco Komposition studiert.[42] Da Legrenzi jedoch schon 1690 starb, scheint dies eher zweifelhaft. Zwei anonyme Manuskripte der Turiner Nationalbibliothek – die Psalmvertonungen *Laudate pueri Dominum*[43] (datiert 1690) und *Laetatus sum*[44] (datiert 1691) –, die von manchen Autoren als Werke Vivaldis und damit als Beweis für sein Studium bei Legrenzi interpretiert werden, sind vermutlich apokryph.[45]

Den ersten Geigenunterricht erhielt Vivaldi ohne Zweifel von seinem Vater; für die These, dieser habe Antonio – zunächst als Stellvertreter, dann als seinen Nachfolger – in die Capella Ducale von San Marco eingeführt[46], gibt es allerdings nur einen, eher vagen Beweis: bei dem «Pré [Priester] Vivaldi», der in einer Abrechnung vom Februar 1697[47] als Geiger genannt wird, könnte es sich vielleicht um Antonio handeln, auch wenn der Achtzehnjährige damals erst die vierte und letzte der niederen Weihen empfangen hatte.[48]

Giovanni Battista hatte mittlerweile für eine recht große Familie zu sorgen; dem Erstgeborenen waren wenigstens vier weitere Kinder gefolgt: Margerita Gabriella (18. Juli 1680), Cecilia Maria (11. Januar 1683), Bonaventuro Tommaso (7. März 1685) und Zanetta Anna (1. Februar 1687)[49]; und als man Antonios Vater im Juli 1689 eine Erhöhung seines Gehalts von 15 auf 25 Dukaten zusprach, hatte sich bereits ein weiteres Kind angekündigt: Francesco Gaetano (9. Januar 1690). Die Einkünfte werden also kaum genügt haben, um die Familie finanziell abzusichern, zumal angesichts der Wirtschaftskrise, unter der auch Venedig Ende der achtziger Jahre des 17. Jahrhunderts zu leiden hatte, und die sich unter anderem in einer Teuerung von bis zu 29 Prozent äußerte.[50] So finden wir Giovanni Battista seit 1689 in zwei weiteren Funktionen: als Geiger im Orchester des Theaters San Giovanni Grisostomo, und als «Maestro di violino» am Ospedale dei Mendicanti[51], wo ihn Legrenzi eingeführt haben mag, der dem Institut seit 1672 als Direktor vorstand. Zieht man die Distanz der drei Wirkungsstätten Giovanni Battistas untereinander und zu seiner Wohnung[52] in Betracht, dann dürfte es ihm oft schwergefallen sein, rechtzeitig von der einen «Dienststelle» zur anderen zu gelangen; das könnte in der Tat dafür sprechen, daß Antonio seinen Vater gelegentlich vertreten mußte.

Wir wissen nicht, wer oder was Giovanni Battista Vivaldi dazu bewogen hat, seinen ältesten Sohn der Priesterlaufbahn zu bestimmen. Entscheidend war letztlich wohl die gesicherte soziale Stellung, die gerade in Venedig nicht mit allzu großen Einschränkungen der persönlichen Freiheit bezahlt werden mußte; der Heilige Stuhl war weit, und der Klerus konnte in der «Serenissima» leben, wie es ihm gefiel. Mit den Amtsverpflichtungen hielt man es nicht strenger als mit der Moral: der Umstand, daß Vivaldi nur wenig mehr als ein Jahr die Messe zelebrierte und in späteren Jahren zu der Sängerin Anna Girò freundschaftliche Beziehungen unterhielt, blieb bis 1737 ohne Konsequenzen und wurde dem Komponisten bezeichnenderweise nicht in Venedig, sondern in Ferrara zum Verhängnis. Im übrigen war das kirchliche Amt für einen Musiker die beste Voraussetzung einer brillanten Karriere: Legrenzi hatte es als Priester zum ersten Kapellmeister von San Marco gebracht, und auch an den Ospedali, ja selbst an den Theatern der Stadt hatte es ein «prete» bisweilen leichter als ein einfacher «sonador».

San Giovanni in
Bràgora (Südseite)

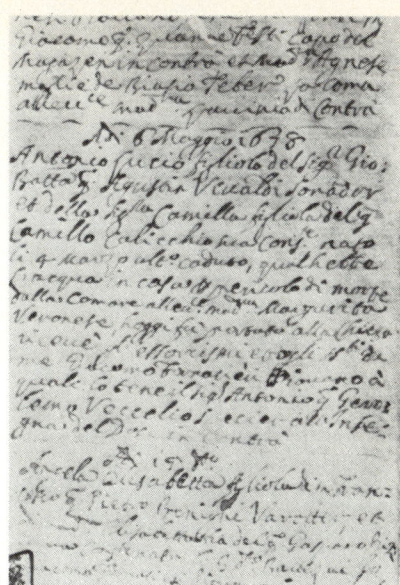

Der Taufakt Vivaldis.
San Giovanni in Bràgora,
Libro de' battesimi

Jedenfalls bezeugten zwei Nachbarn, Antonio Gandolfi und Pa(v)olo Afabris, am 17. Juni 1693 vor der Curia Patriarcale di Venezia, «daß Antonio, rechtmäßiger Sohn des ehrenwerten Giovanni Battista Vivaldi und seiner Frau Camilla, am 6. Mai 1678 in San Giovanni in Bràgora getauft worden ist, und daß sein Lebenswandel und sein Ruf ohne Tadel sind»[53]. Drei Monate später – am Freitag, dem 18. September 1693 – erhielt Antonio Vivaldi durch den Patriarchen von Venedig die Tonsur, am Tag darauf die erste niedere Weihe zum Ostiarius.[54] Im Registro Sacre Ordinazioni des Archivio Patriarcale[55] wird der Fünfzehnjährige als «von der Pfarre San Geminiano» angegeben; damit dürfte feststehen, daß er seine klerikale Laufbahn nicht als interner Zögling eines der «seminari sestierali» einschlug, sondern – mit entsprechend größeren Freiheiten – als «Lehrling» eines Pfarrers.[56]

Die weiteren Stationen des priesterlichen Werdegangs Vivaldis sind durch das Archivio Patriarcale genau belegt: Lektor am 21. September 1694[57], Exorzist am 25. Dezember 1695[58], Akolyth am 21. September 1696[59], Subdiakon – die erste der höheren Weihen – am 4. April 1699[60], Diakon am 18. September 1700[61] und schließlich Priester am 23. März 1703[62]; er scheint dabei seine «Lehrstelle» mehrfach gewechselt zu haben: 1693 und 1699 gehört er laut den Akten zu San Geminiani, die übrigen Weihen erhält er als Adlatus von San Giovanni in Oleo. Zufall oder Berechnung? Beide Pfarren standen jedenfalls nicht gerade in dem Ruf, integre Horte des klerikalen Denkens und Handelns zu sein ...[63] Es wäre

1 *Ospedale dei Mendicanti: wo G. B. Vivaldi seit 1689 unterrichtete*
2 *Teatro San Giovanni Grisostomo: in dessen Orchester G. B. Vivaldi seit 1689 mitwirkte*
3 *Calle Sant'Antonio: Vivaldis Wohnung von 1730 bis 1740*
4 *Teatro Sant'Angelo*
5 *Teatro San Samuele: wo 1735 «Aristide» uraufgeführt wurde*
6 *Teatro San Moisé: wo u. a. 1716 «La Costanza trionfante» uraufgeführt wurde*
7 *Chiesa San Geminiano: die Pfarre, an der Vivaldi einen Teil seiner klerikalen Ausbildung erfuhr*
8 *Basilica San Marco: in deren Capella Ducale G. B. Vivaldi seit 1685 mitwirkte*
9 *Calle del Paradiso: Vivaldis Wohnung von 1722 bis 1729*
10 *Chiesa San Giovanni in Oleo: Vivaldis «Dienstpfarre» vom März bis zum September 1703*
11 *Campo San Filippo e Giacomo: Vivaldis Wohnung von 1711 bis 1722*
12 *Chiesa und Ospedale della Pietà*
13 *Chiesa und Campo grando San Giovanni in Bràgora: Geburtshaus Vivaldis*
14 *Ca'di Dio: Wohnung G. B. Vivaldis vor seiner Heirat*

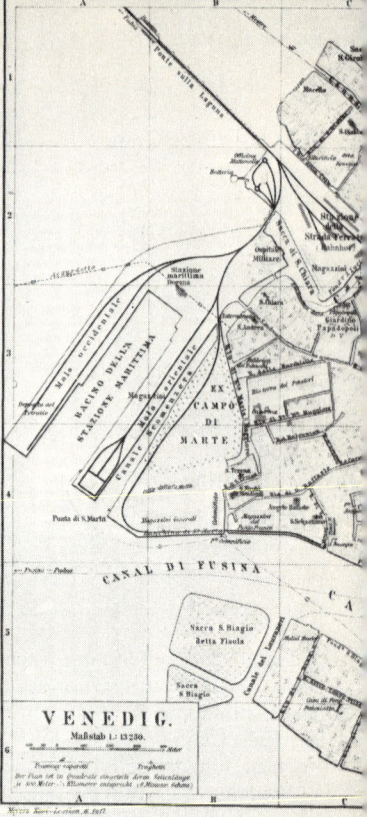

Vivaldi anderenorts wohl schwer, wenn nicht gar unmöglich gewesen, seine Vorbereitung auf das Priesteramt mit den musikalischen Aktivitäten in Einklang zu bringen, denen er vermutlich schon damals das größere Interesse entgegenbrachte. Und noch einmal muß betont werden, daß derlei nur in Venedig möglich war, wo «Priester und Mönche das Recht haben, während des Karnevals Masken zu tragen, ihre Konkubinen auszuhalten, als Sänger auf den Bühnen zu erscheinen und überhaupt zu tun, was ihnen gefällt, solange sie es nicht wagen, ihre Nase in Staatsgeschäfte zu stecken»[64].

Zwischen Vivaldis Diakon- und seiner Priesterweihe verstrichen zweieinhalb Jahre, während die Regelzeit nur ein Jahr vorsah; manche Biographen glauben, er habe einen Teil dieser Zeit in Rom als Schüler Arcangelo Corellis verbracht. Aber abgesehen davon, daß ein solches Studium durch nichts bewiesen ist, kann es für das langsame Voranschreiten von

Vivaldis klerikalem Werdegang durchaus auch andere Gründe gegeben haben: eine labile Gesundheit, Verpflichtungen als Substitut des Vaters und Miternährer der Familie, oder ganz einfach Desinteresse. Und es bedarf auch gar nicht eines direkten Studiums bei Corelli, um den nachhaltigen Einfluß zu erklären, den er auf Vivaldi – vor allem auf das 1705 erschienene Opus I[65] – ausgeübt hat; die meisten Werke Corellis erschienen bereits wenige Jahre nach ihrer Erstveröffentlichung in venezianischen Nachdrucken, die schnell Verbreitung fanden.

Das Urteil der Nachwelt über Vivaldi als Priester spiegelt sich am deutlichsten in zwei von Quelle zu Quelle kolportierten Anekdoten wider. Die eine findet sich zum erstenmal bei Gerber: «In seinem Alter, ums Jahr 1730, war er außerordentlich bigott; so daß er den Rosenkranz nicht eher aus der Hand legte, bis er die Feder ergriff, um eine Oper zu schreiben, welches noch sehr oft der Fall war.»[66] In Schillings «Encyclopedie» von

1838[67] und im 1879 erschienenen «Musicalischen Konversationslexicon» von Mendel und Reißmann[68] taucht dieser Satz, der möglicherweise auf Goldonis «Mémoires» zurückgeht, nahezu unverändert wieder auf. Die andere Anekdote stammt von Roualle de Boisgelu und wird erstmals durch den «Dictionnaire» von Choron und Fayolle belegt: «Eines Tages, als Vivaldi die Messe las, kam ihm ein Fugenthema in den Sinn. Augenblicklich verließ er den Altar, an dem er zelebrierte, und begab sich in die Sakristei, um sein Thema aufzuschreiben; dann kehrte er zurück und las die Messe zu Ende. Man brachte ihn vor die Inquisition, die ihn glücklicherweise als ‹einen Musiker› behandelte, als ‹einen Narren› also, und die sich darauf beschränkte, ihm fürderhin das Lesen der Messe zu verbieten.»[69] Auch diese Anekdote, die Fétis in seine «Biographie universelle» übernahm[70], geht vermutlich auf ältere Berichte – besser gesagt: Gerüchte zurück; 1737 verteidigte sich Vivaldi in einem Brief ausdrücklich gegen den Vorwurf, er habe das Lesen der Messe *auf Grund eines Verbots oder auf höhere Anordnung*[71] aufgegeben.

Tatsächlich war er nur kurze Zeit seinen Verpflichtungen als Priester nachgekommen, aber im Venedig des 18. Jahrhunderts entsprach das durchaus den Gepflogenheiten; zahlreiche Bürger ergriffen das geistliche Gewand nur, um den zivilen Verantwortungen und Pflichten zu entgehen, ohne dabei je eine Messe zu zelebrieren.[72] Schließlich war man gegen 1766 so weit, daß auf 23 Venezianer ein Priester kam[73], eine Inflation, die besonders dem Heiligen Stuhl ein Dorn im Auge war. Durch einen spe-

San Geminiano. Stich von Luca Carlevarijs

*San Giovanni
in Oleo*

ziellen Geheimdienst ließ sich der Papst über das Treiben des Klerus in der «Serenissima» auf dem laufenden halten und versuchte mit aller Macht, dem Sittenverfall Einhalt zu gebieten; doch diese Macht mußte vor den Grenzen der Stadt haltmachen. Wehe dem aber, der außerhalb der Republik das Mißfallen des Heiligen Stuhls erregte! Vivaldi bekam den starken Arm der Kirche 1737 im Zusammenhang mit einer Opernauf-führung in Ferrara empfindlich zu spüren; die Ereignisse sind auch das Thema im Briefwechsel des Komponisten mit dem Marchese Bentivo-glio:

Seit nunmehr 25 Jahren lese ich keine Messe mehr und werde es auch nicht wieder tun, und zwar ... auf Grund meiner freien Entscheidung, wegen einer Krankheit ... Kaum zum Priester geweiht, habe ich nur ein Jahr oder wenig länger die Messe zelebriert, es dann aber aufgegeben, da mich meine Krankheit dreimal zwang, den Altar zu verlassen, ohne die Messe zu Ende lesen zu können. Deswegen lebe ich auch fast dauernd zu Hause und fahre nur in der Gondel oder im Wagen aus, weil ich wegen meiner Brustkrankheit, einer Art Atemnot, nicht laufen kann.[74]

Sehr wahrscheinlich handelte es sich bei dieser Krankheit um Bron-chialasthma[75], weniger wahrscheinlich aber ist, daß dieses spasmisch auf-

Gedenktafel am Ospedale della Pietà

tretende Leiden der tatsächliche Anlaß für Vivaldi war, seine Amtspflichten zu vernachlässigen. Immerhin konnte der Komponist am 7. Januar 1738, keine zwei Monate nach seinem Brief an Bentivoglio also, in Amsterdam ein Festkonzert dirigieren ...

Es waren vielleicht eher musikalische als gesundheitliche Gründe, die Vivaldi vom Altar fernhielten, und das um so mehr, als er im September 1703 zum «Maestro di Violino» des Pio Ospedale della Pietà berufen wurde.[76] Obwohl es auch hier zu seinen Obligationen gehörte, täglich die Messe zu lesen (wie er es in den Monaten zuvor an der Kirche San Giovanni in Oleo getan hatte), endet mit diesem offiziellen Beginn von Vivaldis Musikerkarriere seine Laufbahn als Priester. Was bleibt ist der Beiname «il prete rosso».

Die Kirchenmusik

Auf Anordnung von Jacques-Vincent Languet Comte de Gergy, der sich seit Dezember 1723 als Gesandter des französischen Hofes in Venedig aufhielt[77], fand am 19. September 1727 in der Kirche Madonna dell'Orto ein Festkonzert statt; Anlaß war die Geburt der «Mesdames de France» Louise-Elisabeth und Henriette-Anne, der Zwillinge des erst siebzehnjährigen Königs Ludwig XV. und seiner sieben Jahre älteren Gemahlin Marie Leszczynska. Die Feierlichkeiten «dauerten etwa zwei Stunden, und die Musik[78], auch die des *Te Deums,* war von dem berühmten Vivaldi», berichtete der «Mercure de France».[79]

Dieser Hinweis, der sich überdies auf ein verschollenes Werk[80] bezieht, war das einzige, was man bis zur Entdeckung der Turiner Manuskripte

24

von Antonio Vivaldis kirchenmusikalischem Schaffen wußte. Und auch der heute bekannte Bestand von 65 geistlichen Kompositionen[81] – die apokryphen[82] nicht mitgerechnet – stellt zweifellos nur einen Teil des sakralen Œuvres des «prete rosso» dar, zumal in Anbetracht seines Wirkens am Ospedale della Pietà.

Als Leiter dieses Instituts (wie auch der anderen Ospedali Venedigs) fungierte ein «Maestro di c(h)oro», dessen vornehmliche Aufgabe in der Komposition und Aufführung von geistlichen Vokalwerken bestand. Ein Dokument von 1710 präzisiert diese Verbindlichkeiten: je zwei Messen und Vespern pro Jahr, mindestens zwei Solomotetten pro Monat sowie gelegentliche Kompositionen nach Wunsch und Bedarf.[83] Vivaldi begann im Herbst 1703 seine Tätigkeit an der Pietà unter der Ägide des Lucchesen Francesco Gasparini, der sich allerdings im Frühjahr 1713 aus Krankheitsgründen für sechs Monate beurlauben ließ; Vivaldi bereitete zu jener Zeit in Vicenza die Premiere seiner ersten Oper (*Ottone in villa*[84]) vor und war nicht abkömmlich – ein gewisser Pietro Dall'O(g)lio wurde vorübergehend zum «Maestro di choro» ernannt. Doch auch nach Ablauf seines Urlaubs kehrte Gasparini nicht an die Pietà zurück, und man trug Vivaldi an, das verwaiste Amt bis auf weiteres zu übernehmen. Er scheint dieser Aufgabe mit außerordentlichem Engagement nachgekommen zu sein, denn am 2. Juni 1715 wurde ihm eine Gratifikation von 50 Dukaten zugesprochen, unter anderem für die Komposition einer Messe, einer Vesper, eines Oratoriums und von mehr als 30 Motetten.[85]

Die Identifizierung der hier erwähnten Werke ist so gut wie unmöglich, wobei die Messe der Forschung das wohl größte Rätsel aufgibt. Peter Ryom erwähnt in seinem Katalog[86] nur eine einzige vollständige Meßkomposition Vivaldis[87], deren Authentizität jedoch eher zweifelhaft ist; die einzige Quelle ist eine als *Sacrum* bezeichnete Abschrift fremder Hand in der Warschauer Universitätsbibliothek. Abgesehen von dem Fehlen eines Autographs ist es aber vor allem die stilistische Eigenart des Werkes, die gegen Vivaldis Autorschaft spricht: im Gegensatz zu der in Oberitalien gepflegten Form der Kantaten-Messe (mit deutlich abgesetzten Solo- und Chorabschnitten) ist das *Sacrum* eher der deutsch-österreichischen Tradition der Concertato-Messe (mit ineinander übergreifenden Abschnitten wechselnder Besetzung) zugehörig, die sich in den Messen Haydns und Mozarts fortsetzt. Im übrigen sind nur Vertonungen Vivaldis von Meßteilen bekannt: ein doppelchöriges *Kyrie* in c-moll, drei *Glorias* (von denen eines nur als Vermerk im Musikalienkatalog der Prager Kreuzherren nachgewiesen ist) und schließlich zwei *Credos,* deren zweites auf Grund derselben Sachlage wie beim *Sacrum* gleichfalls vermutlich apokryph ist[88]; Sanctus- oder Agnus Dei-Vertonungen Vivaldis haben sich bisher nicht gefunden. Auf Grund textkritischer Untersuchungen ist es zwar wahrscheinlich, daß ein *Gloria* und ein *Credo*[89] zusammengehören, ob es sich dabei allerdings um Teile der im Dokument der Pietà erwähnten *Messa intiera* handelt, ist nicht gesichert. Ebenso unklar ist die Identität einer von Caffi erwähnten «Messe für Stimmen und Instrumente», die mehrfach an der Pietà aufgeführt worden sein soll.[90]

Neben dem Meßordinarium war es vor allem die Form der Vesper, die von der katholischen Kirchenmusik des 18. Jahrhunderts gepflegt wurde; dabei handelte es sich in der Regel um fünf voneinander unabhängige Psalmvertonungen – zu Beginn oft der Psalm 109 (Dixit Dominus) – mit einem abschließenden Magnificat. Obwohl siebzehn Psalm- und zwei *Magnificat*-Vertonungen Vivaldis bekannt sind[91], ist eine zwingende Gruppierung, und damit eine Identifizierung der 1715 honorierten Vesper nicht möglich.[92] Vermutlich handelt es sich bei den heute erfaßten Beständen auch um die Fragmente von mehr als zwei Vesperzyklen, wie unter anderem die Existenz von vier Vertonungen des Psalms 112 (*Laudate pueri Dominum*) zu bestätigen scheint. Dabei kann man allerdings nicht davon ausgehen, daß sämtliche Psalmvertonungen Vivaldis Bestandteile von Vesperzyklen bildeten; es war damals durchaus üblich, einzelne Psalmen auch als Einlagen der Messe aufzuführen, zum Beispiel an Stelle des Offertoriums.

Im Zusammenhang mit den Psalmvertonungen verdient auch ein Bericht Pier Caterino Zenos über die Überführung der Reliquien des heiligen Pietro Orseolo in die Basilika San Marco Beachtung, die im Januar 1732 stattfand; bei dieser Gelegenheit gelangte ein «*Laudate Dominum* solennissimo opera dell'abate Vivaldi della Pietà»[93] zur Aufführung. Das Werk muß gleichfalls als verschollen gelten, da es sich dabei kaum um die einzige bekannte, alles andere als «sehr feierliche» Vertonung Vivaldis des Psalms 116[94] gehandelt haben dürfte.

Das in dem Dokument der Pietà erwähnte Oratorium dagegen konnte als *Moyses Deus Pharaonis*[95] identifiziert werden, das 1714 am Ospedale della Pietà zur Aufführung gelangte; allerdings ist von diesem Werk nur das (anonyme) Libretto erhalten geblieben, mit dem handschriftlichen Eintrag der Vornamen der Sängerinnen.[96] Abgesehen von dem «Sacrum Militare Oratorium» *Juditha triumphans* – es ist das einzige, von dem wir auch die Partitur besitzen –, das Vivaldi 1716 anläßlich des Sieges über die Türken (der am 21. Juli 1718 zum Frieden von Passarowitz führte, den Venedig und der Habsburger Kaiser Karl VI. mit der Hohen Pforte schlossen) komponierte und aufführte, sind drei weitere Oratorien des «prete rosso» nachweisbar: 1713 gelangte in Vicenza *La vittoria navale* zur Aufführung, 1720 wird Vivaldi als einer der elf Autoren des in Florenz aufgeführten Oratorien-Pasticcios *Il Padre sacrificato(r) della figlia ovvero Jefte* genannt, und 1722 schließlich erklingt in Mailand *L'Adorazione de(ll)i Tre Re Magi al Bambino Gesù*. Vor allem die *Vittoria navale* ist dabei bedeutsam, da dieses Werk die These widerlegt, Vivaldi sei erst durch seine Berufung als provisorischer Nachfolger Gasparinis zur Komposition geistlicher Werke angeregt worden.

Es bleibt noch die Frage nach den «mehr als dreißig Motetten», die Vivaldi bis zum Juni 1715 für die Pietà komponiert haben muß. Das Genre der (meist extrem virtuosen) Solomotette, das hier zweifellos gemeint ist, konnte in der kirchenmusikalischen Praxis der Zeit, insbesondere an den Ospedali Venedigs, unterschiedliche liturgische Funktionen erfüllen: zum einen als selbständige, zwischen Ordinariums- oder Psalm-

Vertonungen eingefügte Komposition, zum anderen als textlich und/oder musikalisch diese vorbereitende «Introduzione». Bis heute sind zwölf Motetten und acht *Introduzione* Vivaldis bekannt[97], was gleichfalls nur einen schmalen Ausschnitt seiner Arbeiten in diesem Genre darstellen dürfte. Auch andere geistliche Werke scheinen verschollen zu sein, wie zwei Vertonungen des *Miserere,* zu denen nur die *Introduzione*[98] erhalten geblieben sind.

Über das bisher genannte Repertoire hinaus sind noch elf Vertonungen anderer liturgischer Texte bekannt, zu denen auch das eingangs erwähnte *Te Deum* gehört, sowie drei apokryphe Parodien von mit geistlichen Texten unterlegten Opernarien Vivaldis. Schließlich weiß man noch von einer «Cantata» (Motette?) *Candida Lylia* und einer *Aria per la cummunione,* die vermutlich ebenfalls geistlichen Inhalts waren, und der Anhang von Peter Ryoms Katalog verzeichnet weitere neunzehn kirchenmusikalische Werke, «deren Zuschreibung an Vivaldi als irrtümlich oder als besonders fraglich angesehen werden muß»[99].

Die meisten dieser Werke dürften für die Pietà entstanden sein, auch wenn Vivaldis Ruf als Vokalkomponist weit über seine Wirkungsstätte hinausreichte; die Aufführungen seiner Oratorien außerhalb Venedigs beweisen dies ebenso wie Manuskriptfunde in Prag[100] oder Dresden[101]. Die erstmals von Bernhard Paumgartner aufgestellte These, Johann Sebastian Bach habe geistliche Werke Vivaldis gekannt und sei von ihnen beeinflußt worden[102], ist allerdings durch nichts zu beweisen.

Mehrere der erwähnten Kompositionen sind *in due cori,* doppelchörig konzipiert.[103] Einige Autoren haben daraus geschlossen, daß diese Werke für die Basilika San Marco verfaßt wurden, wo seit der Zeit Adrian Willaerts die Doppelchörigkeit besonders gepflegt wurde. Seit 1723 war allerdings auch die zum Ospedale gehörige Chiesa della Pietà mit zwei kleineren, einander gegenüberliegenden Chorgestühlen ausgerüstet[104], und zumindest eines der Werke – das *Lauda Jerusalem* – ist nachweislich hier aufgeführt worden, vermutlich um 1740.[105] Außerdem war die Doppelchörigkeit in der ersten Hälfte des 18. Jahrhunderts eine in ganz Europa verbreitete Praxis und keineswegs mehr auf Venedig oder gar auf San Marco beschränkt.

Vivaldi hat wohl bis zu seinem Aufenthalt am Hof von Mantua, also bis zum Winter 1718/19, an der Pietà als provisorischer «Maestro di choro» gewirkt. Erst am 22. Februar 1719[106] wurde ein offizieller Nachfolger Gasparinis nominiert, Carlo (Luigi) Pietro Grua. Ob Vivaldi auch nach dessen Tod (im April 1726) und zwischen Oktober 1737 und August 1739, als der Posten erneut verwaist war, als «Maestro di choro» amtierte, ist nicht bekannt. Einiges scheint freilich dafür zu sprechen: mindestens zwei Werke – das schon erwähnte *Lauda Jerusalem* und ein *Magnificat* – sind in den dreißiger Jahren für die Pietà entstanden, und zwar vermutlich nach Vivaldis erneuter Anstellung als «Maestro de concerti» im August 1735. Ausgehend von der Tatsache, daß die Komposition geistlicher Vokalwerke dem «Maestro di choro» oblag, ist es unwahrscheinlich, daß diese beiden Stücke noch zur Amtszeit Giovanni Portas geschrieben wurden;

sie dürften also während des Interregnums 1737 bis 1739 entstanden sein, das mit der Ernennung Alessandro Gennaros endete.[107] Außerdem haben die vier namentlich bekannten Sopransolistinnen[108] des *Lauda Jerusalem* auch bei einer Aufführung von Werken Vivaldis am 21. März 1740 mitgewirkt, so daß die Psalmvertonung nicht wesentlich früher zu datieren sein kann, war doch die Fluktuation der Mädchen am Ospedale relativ groß. Auch die anderen doppelchörigen Werke können, soweit sie für die Pietà bestimmt waren, erst nach 1723 komponiert worden sein.[109] Das heute bekannte kirchenmusikalische Schaffen Antonio Vivaldis erstreckt sich also über einen Zeitraum von rund 25 Jahren, zwischen 1713 und 1737/1739; eine genaue chronologische Einordnung der Werke ist allerdings – abgesehen von den fünf datierten Oratorien – nicht möglich.

Stilistisch entspricht Vivaldis Kirchenmusik ganz der musikalischen Sprache im Venedig seiner Zeit, bis hin zur gelegentlichen Verwendung des «stile osservato» in der Manier Palestrinas, etwa im *Tu es sacerdos* des einchörigen *Dixit Dominus* oder im fugierten Schlußteil des *Credos* e-moll. Die textlich an die Liturgie gebundenen Werke erweisen sich in der Regel als strenger in Satztechnik und Form, während beispielsweise die Motetten und *Introduzione,* aber auch die Solopartien der *Juditha triumphans* oft die Anlage einer dreiteiligen Dacapo-Arie zeigen und sich damit äußerlich kaum von parallelen Sätzen in Vivaldis Opern unterscheiden; hier wie dort entfaltet sich eine erstaunliche vokale Virtuosität, die Johann Mattheson im Sinn gehabt haben mag, als er 1739 in seinem «Vollkommenen Capellmeister» schrieb: «Vivaldi, ob er gleich kein Sänger ist, hat doch aus seinen Sing-Sachen die Geigen-Sprünge so weit zu verbannen gewußt, daß seine Arietten manchen geübten Vocal-Componisten ein rechter Stachel in den Augen geworden sind.»[110] Formal allerdings hat sich Vivaldi wohl durchaus an seinen Instrumentalwerken orientiert; so nimmt die Dacapo-Arie bei ihm durch die Ritornell-Interpellationen oft die Gestalt eines Solokonzertsatzes an. Der konzertante Charakter ist auch an anderen Stellen zu beobachten, etwa im *Et exultavit* aller drei Fassungen des *Magnificats* in g-moll oder im *Stabat Mater.*

Eine weitere Eigenart von Vivaldis Solomotetten ist die unerhörte, szenischer Dramatik nicht unähnliche Expressivität. Als besonders eindrucksvolles Beispiel sei hier auf die erste Arie von *Longe mala umbrae terrores* hingewiesen, die in der musikalischen Umsetzung der «Übel, Schatten und Schrecken» fast programmatische Züge annimmt. Hier und in ähnlichen Werken, bei denen der Affekt Basis der Komposition darstellt, verzichtet Vivaldi fast durchweg auf komplizierte Kontrapunktik, wie sie oft die Schlußsätze seiner liturgisch gebundenen Partituren bestimmt.

Noch näher dem Genre der Oper verwandt ist die *Juditha triumphans,* und ein Vergleich ihres Librettos mit denen des *Moyses,* der *Adorazione* oder des *Jefte* zeigt, daß dies auch für die anderen Oratorien Vivaldis gegolten haben dürfte. Es ist sicher kein Zufall, daß die erste Oper des «prete rosso» im selben Jahr uraufgeführt wurde wie sein erstes Oratorium. Und so liegt auch die szenische Darstellung des Werkes[111] durchaus

JUDITHA TRIUMPHANS

DEVICTA HOLOFERNIS BARBARIE

Sacrum Militare Oratorium

HISCE BELLI TEMPORIBUS

A Pfalentium Virginum Choro

IN TEMPLO PIETATIS CANENDUM

JACOBI CASSETTI EQ.

METRICE' VOTIS EXPRESSVM.

Piiffimis ipfius Orphanodochii PRÆSI-
DENTIBVS ac GUBERNATORIBUS
fubmifsè Dicatum .

MUSICE' EXPRESSUM

Ab Admod. Rtv. D.

ANTONIO VIVALDI

VENETIIS , MDCCXVI.

Apud Bartholomæum Occhium, fub figno S. Dom
Λ C P L K U Λ U M P L K U I

Vivaldi:
«Juditha triumphans».
Titelblatt des Librettos

im Rahmen seiner aufführungspraktischen Möglichkeiten. Lange Zeit galt Vivaldis *Juditha* als Ausnahmeerscheinung des venezianischen Musiklebens, das sich nur sporadisch um die Gattung des Oratoriums gekümmert zu haben schien. Inzwischen weiß man allerdings, daß die kleine Zahl erhaltener Partituren, auf die sich diese These berief, trügt: allein an den vier Ospedali gelangten in den Jahren zwischen 1685 und 1715 rund 50 Oratorien zur Aufführung, und auch aus anderen Quellen geht hervor, daß das Oratorium der Oper quantitativ kaum nachstand.[112]

Die Freizügigkeit des venezianischen Klerus hatte auch in der Kirchenmusik der Stadt ihre Spuren hinterlassen. Lateinische Libretti – in Rom seit Giacomo Carissimi die Regel – fanden in Venedig fast nur an den Ospedali (und auch hier erst seit etwa 1700) Verwendung, während an den anderen Kirchen das «oratorio volgare» in italienischer Sprache bevorzugt wurde.[113] In der Stoffwahl zeigen sich gleichfalls Unterschiede: in Rom galt nach wie vor die Bibel als wichtigste Quelle der Themen, das Oratorium diente «ad maiorem Dei gloriam»; in Venedig dagegen vertonte man mit Vorliebe Heiligenlegenden mit oftmals nur vagem religiösem Bezug, und biblische Stoffe – so auch der *Juditha*-Text Giacomo Cassettis[114] – wurden eher allegorisch verstanden, «ad maiorem Serenissimae gloriam». (Auch darüber mag der Heilige Stuhl erzürnt gewesen sein!) Im

29

Gegensatz zu einer ganzen Reihe von früheren Oratorien nach dem apokryphen Buch Judith[115] steht bei Vivaldi eindeutig die politische Aktualität im Vordergrund: Macht und Reichtum Venedigs und der Sieg über die Türken. Das zeigt sich nicht zuletzt in der außergewöhnlichen Klangfarbigkeit der Partitur, in der unter anderem eine Viola d'amore (*Quanto magis generosa*), vier Theorben (*O servi volate*) und eine Mandoline (*Transit aetas*) solistisch eingesetzt werden. Dem klanglichen Reichtum entspricht ein nicht weniger bemerkenswerter Reichtum der Tonarten; die Grundtöne der Nummern 12 bis 19 der Partitur beispielsweise bilden eine absteigende B-Dur-Tonleiter, und auch innerhalb der (durchweg in Dacapo-Form angelegten) Arien zeigt sich eine Vorliebe Vivaldis für überraschende Modulationen, die oft der formalen Gliederung zuwiderlaufen und die periodische Melodik in harmonisch asymmetrische Abschnitte zerlegen.

Jede Art von Kunst – und also auch die Kirchenmusik – galt den Venezianern in erster Linie als Zerstreuung, und Vivaldis kirchenmusikalische Werke waren für ein «Publikum» bestimmt, nicht für eine «Gemeinde» – der Anspruch der Erbauung war dem der Unterhaltung gewichen. «An jedem Sonn- und Feiertag finden in den Kapellen der Ospedali Konzerte mit Vokal- und Instrumentalmusik statt»[116], und auch wenn ihnen keine offiziellen Besucher beiwohnten, fühlte sich der jeweilige «Maestro di choro» verpflichtet, sein Bestes zu geben. Unter den vier Institutionen herrschte ein ständiger Machtkampf, und das Publikum, das ihre Darbietungen regelmäßig verfolgte, war auf Grund der ungeheuren Produktivität des venezianischen Musiklebens ein ebenso kritischer wie anspruchsvoller Schiedsrichter. Mit dem Erfolg eines «Maestro di choro» waren Rang und Ruf eines Ospedale untrennbar verbunden, und wer diesem Leistungszwang nicht standhielt, der wurde kurzerhand degradiert oder gar relegiert. Ein Komponist, der – wie Antonio Vivaldi – über fast drei Jahrzehnte hinweg gleichbleibend hoch in der Gunst des Publikums stand, muß tatsächlich Erstaunliches (und ständig Neues) geboten haben. Doch das ständig Neue der Kirchenmusik Vivaldis bewegt sich stets innerhalb der Grenzen bestimmter zeittypischer Formen und Kompositionsmodelle.

Instrumental und vokal wechseln solistische («Concertato») und chorische («Ripieno» oder «Ritornell») Abschnitte einander ab, meist entsprechend den Abschnitten des vertonten Textes. Eine bemerkenswerte Ausnahme von dieser Regel bildet *Jubilate o amoeni chori*, eine *Introduzione*, deren zweite Arie – *Sonoro modulamine* – so eng mit dem Eingangschor des nachfolgenden *Glorias* verflochten ist, daß die liturgische Funktion der Doxologie kaum mehr gewahrt bleibt; handschriftliche Einzeichnungen im Manuskript des Werkes lassen allerdings vermuten, daß das *Gloria* auch ohne *Introduzione* kopiert oder sogar aufgeführt worden ist.[117]

Kontrapunktische Arbeit findet sich überwiegend zu dogmatisch bedeutsamen Stellen wie *Tu es sacerdos* oder *Sicut in principio*, und natürlich als feierliche Schlußapotheose des Chores. Fugen[118] oder Doppelfugen[119] können dabei durchaus auf einen besonderen, vielleicht offiziellen

Anlaß von Komposition und Aufführung hinweisen. Vivaldi scheint aber diesen verhältnismäßig strengen Sätzen kein großes kompositorisches Interesse entgegengebracht zu haben, verwendete er doch für beide *Cum Sancto Spiritu*-Abschnitte seiner *Glorias* dieselbe Schlußfuge, die nicht einmal von ihm stammt, sondern (abgesehen von geringfügigen Veränderungen) von Giovanni Martino Rugg(i)eri.[120]

Die gesamte Kirchenmusik des «prete rosso» ist stark affektbetont und unterscheidet sich darin kaum von seinem Opernschaffen. Wo immer es ihm der Text erlaubte, ließ er programmatische Wendungen einfließen; ein besonders augenfälliges Beispiel dafür ist die erste Arie – *Canta in prato* – der gleichnamigen *Introduzione,* deren Vogelstimmenimitationen man in den Concerti *La primavera* und *Il gardellino*[121] wiederbegegnet.

Derartige Anleihen bei eigenen oder fremden Werken, die durch Zeitnot erklärt werden können, finden sich mehrfach in Vivaldis Kirchenmusik. Das fünfstimmige, im «stile osservato» gesetzte *Credidi propter quod locutus sum* etwa ist zwar in der Handschrift des Komponisten überliefert und trägt den Vermerk *Del Vivaldi,* doch handelt es sich dabei sehr wahrscheinlich um die Kontrafaktur eines anonymen *Lauda Jerusalem.*[122]

In anderen Fällen sind es nur kurze melodisch-harmonische Wendungen, die Vivaldi wieder aufgreift; so findet sich die chromatische Akkordfolge zu Beginn des doppelchörigen *Kyries* unverändert im ersten Satz der drei *Magnificat*-Vertonungen wieder, aber auch im *Et incarnatus est* des *Credos* e-moll, im *Largo* eines Concertos für Fagott[123] und als Kopfmotiv des *Concerto madrigalesco* d-moll. Dieses letzte Werk stellt im übrigen in seiner Gesamtheit keine eigenständige Komposition dar: zwei Sätze sind identisch mit den Eckteilen des *Kyries,* der dritte stammt aus dem *Magnificat.*

In den Kontext der kirchenmusikalischen Kompositionen Vivaldis gehören auch eine Reihe von Instrumentalwerken[124], die in Titel und Charakter auf ihre Verwendung im Rahmen eines kirchlichen Festes hinweisen: die beiden Concerti *Per la S.S. Assontione di M*[aria] *V*[ergine] für Violine und Doppelorchester, das *Concerto Funebre* für Violine, Oboe, Salmoè (Schalmei), drei «Viole all'inglese» und Streicher, das *Concerto fatto per la Solennità della S.Lingua di S.Antonio in Padua 1712* für Violine, das Concerto *Per la Solennità di S.Lorenzo* für Violine und das gleichnamige Concerto für je zwei Oboen, Klarinetten, Blockflöten, Violinen und ein Fagott sowie das bereits erwähnte *Concerto madrigalesco*; neuere Forschungen haben außerdem ergeben, daß das Concerto für Violine *Il Riposo* auch als Concerto *Per il natale* überliefert ist.[125]

Mit Ausnahme des einen datierten Concertos ist eine genaue zeitliche Einordnung dieser Werke nicht möglich; fest dürfte lediglich stehen, daß vier Concerti für das jeweilige Kirchenfest komponiert wurden. In diesem Zusammenhang ist der folgende zeitgenössische Bericht interessant: «Die Nonnen von San Lorenzo und die von Santa Maria Celestia veranstalten an ihren Festtagen – die einen am 10., die anderen am 15. August – ein großes Konzert in ihren Kirchen. Bei den Nonnen beider Klöster handelt es sich um Damen des Adels; und sie wetteifern miteinander um den

Vorrang, die beste Musik zu haben; so verpflichtet jedes Kloster den musikalischen Leiter, den es für sein Fest engagiert hat, nicht auch in den
Dienst des anderen zu treten. Der, dem es gelang, als erster den bedeutendsten heimischen Musiker für sein Fest zu engagieren, zwang damit
den anderen, sich in Bologna oder einem anderen fernliegenden Ort um
einen ebenbürtigen Musiker zu bemühen.» [126] Zweifellos war Antonio Vivaldi zeit seines Wirkens an der Pietà «der bedeutendste heimische Musiker», und so spricht vieles dafür, daß die beiden Concerti *Per la Solennità
di S.Lorenzo* für die Nonnen von San Lorenzo komponiert wurden, die
beiden *Per la S.S. Assontione* für die von Santa Maria Celestia – in ver-
schiedenen Jahren, versteht sich!

In einigen der Concerti äußert sich der feierliche (*Per la Solennità ...*)
Charakter in einer mehr oder weniger umfangreichen langsamen Einlei-
tung, die das dreisätzige Concerto-Modell dem der viersätzigen «Sonata
da chiesa» annähert. Und auch hier finden sich affektbetonte Wendungen, im *Concerto funebre* zum Beispiel durch die stockende Rhythmik
und die chromatisch absteigenden Nonensprünge, deren Wirkung noch
durch die Vorschrift unterstrichen wird: *die Oboe mit Dämpfer und die
Salmoè und die «viole inglese», alle Violinen und Violen mit Dämpfer,
außer der Solovioline*[127]; Affekt und Effekt liegen nahe beieinander.
Doch Vivaldi scheint den «geistlichen» Gestus keineswegs als den einzig
möglichen verstanden zu haben: den ersten Satz des *Concerto funebre*
verwendet er, nur in Tonart und Instrumentation verändert, in der *Sinfonia* der Oper *Tito Manlio* wieder. Die Freiheit, die der geistliche Stand
dem «prete rosso» ließ, kennzeichnet auch seine Kirchenmusik.

Vivaldi: Concerto «Per la Santissima Assontione di Maria Vergine» RV 582

Der «Maestro di violino» –
Vivaldi am Ospedale della Pietà (1703–1713)

Die Geschichte des Pio Ospedale della Pietà, zu dessen «Maestro di violino» Antonio Vivaldi im September 1703 berufen wurde, reicht zurück bis ins 14. Jahrhundert. 1346 gründete der Franziskanermönch Pietruccio (Pieruzzo) aus Assisi ein erstes Hospiz dieses Namens in Venedig, nahe der Kirche San Francesco della Vigna, das wenig später zur Pfarre San Giovanni in Bràgora, an das Riva degli Schiavoni, verlegt wurde. Hauptaufgabe der Institution war es, verwaiste und – was wesentlich häufiger der Fall war – ausgesetzte Kinder aufzunehmen. «Möge der Herr mit Fluch und Exkommunikation all jene strafen, die ihre Söhne und Töchter ehelicher oder unehelicher Geburt in dieses Ospedale della Pietà schicken oder schicken lassen, obgleich sie die Mittel und Möglichkeiten haben, sie selbst aufzuziehen», mahnt noch heute eine Tafel an der Kirche. Doch so streng diese Drohung auch war, sie blieb vergeblich: nicht nur die Pietà mußte mehrfach erweitert werden, auch die drei anderen Ospedali Venedigs konnten des Andrangs kaum Herr werden; zeitweise sollen in diesen vier Häusern bis zu 6000 Kinder untergebracht gewesen sein.[128] Die Kinder (seit etwa der Mitte des 17. Jahrhunderts waren es nur mehr Mädchen), die in der Pietà Aufnahme fanden, stammten größtenteils aus besseren Familien und waren keineswegs immer Waisen oder Findlinge, «denn die reichen Patrizier geben ihre noch ganz jungen Töchter in das Kloster und zwingen sie nachher darin zu bleiben. Dadurch sparen sie zu Gunsten der männlichen Nachkommen die sehr hohe Mitgift.»[129] Für die Mädchen der «popolani», des Volkes, gab es auf der Giudecca-Insel eine andere Institution, das der Palladio-Kirche Santa Maria della Presentazione angegliederte Kloster Le Zitelle, «die Jungfrauen».

Die «ospealiere» wurden zwar als Novizinnen für den Schleier bestimmt, doch zu Vivaldis Zeiten war der ursprüngliche Gedanke eines Konvikts an der Pietà bereits hinter dem eines Konservatoriums zurückgetreten. Am 25. Juni 1682 wurden die Brüder Bonaventura und Giacomo Spada an das Ospedale berufen, der eine als Organist, der andere als «Maestro di musica» und später «Maestro di choro». Ebenso wie der «Maestro degli instrumenti» – etwa Vivaldis Funktion – unterstand dieser dem «Maestro principale» des Instituts. Ihre Lehrtätigkeit durften sie nur in Anwesenheit einer weiblichen Aufsichtsperson ausüben, die als «Maestra della battuda» (oder «Priora») darüber wachte, daß die Moral nicht verletzt wurde.[130]

Veduta della Riva degli Schiavoni von Vincenzo Coronelli (Ausschnitt: Ospedale della Pietà)

Aber war denn die Moral überhaupt gefährdet? Waren nicht die «ospealiere» gehalten, «so zurückgezogen wie Nonnen»[131] zu leben, mit dem einzigen Ziel, «sich in der Musik hervorzutun»[132]? Glichen diese Mädchen, die «wie die Engel singen»[133], nicht auch in ihrem Lebenswandel himmlischen Geschöpfen? Waren es nicht oft «junge Männer aus den besten Familien, die um die Hand der Mädchen anhielten, die in der ganzen Stadt ob ihres verführerischen Singens und Musizierens berühmt waren»[134]?

Der Schein dieser zeitgenössischen Berichte trügt: die Ospedali waren alles andere als ein integrer Hort der Kunst, der von den freien Sitten der barocken «Serenissima» nichts oder nur wenig gewußt hätte. «Viele hatten den Schleier nur gezwungen genommen und nährten im Klosterleben ihre Eitelkeit und ihre weltlichen Gelüste. So führen sie ein unheiliges Leben ohne Frömmigkeit, kräuseln ihre Locken, kleiden sich weltlich, mit entblößtem Busen, und haben ihre Liebhaber, die sie besuchen, ihnen Geschenke bringen und ihnen die Zeit vertreiben.»[135] Zeitweise verwandelten sich einige der Klöster in regelrechte Bordelle, Zuhälter – sogenannte «Monachini» – führten den Nonnen «Kundschaft» zu. Und unter den etwa 35 Klöstern Venedigs scheint es ausgerechnet die Pietà gewesen zu sein, die den schlechtesten Ruf hatte: «Die Nonnen, denen das Kloster gehört, erkennen als einzigen Vater die Liebe an»[136] und gingen darin so weit, daß sie 1740 einige der «ospealiere» an berufsmäßige Kupplerinnen vermittelten.[137] Immer wieder wurde «die Stille des Klosters vom fröhlichen Geschrei der jungen Patrizier gestört, die sich zum Tanz mit den Nonnen trafen, die ihrerseits sogar oft die ganze Nacht mit ihren Liebhabern verbrachten»[138]. (Was soll man da von Vivaldis Behauptung halten, er sei *seit 30 Jahren Kapellmeister der Pietà, und das ohne Skandale*[139]?!) Dem wäre sicher nicht so gewesen, hätte Jean-Jacques Rousseau mit seinem vielzitierten Bericht über die Häßlichkeit der Novizinnen[140] die Regel und nicht die Ausnahme geschildert. Tatsächlich muß es unter den «ospealiere» eine ganze Reihe recht gutaussehender junger Mädchen gegeben haben, und «ich schwöre Ihnen, nichts ist so angenehm wie der Anblick einer jungen und hübschen Nonne in ihrem weißen Kleid und mit einem Granatblumenstrauß über dem Ohr»[141]. Reize, für die auch der «prete rosso» nicht ganz blind gewesen sein dürfte, und die vielleicht das Gerücht in Umlauf gesetzt haben, Vivaldi sei ein Eunuch gewesen[142] – wie sonst hätte er angesichts solcher Schönheit so kühl bleiben können, wie Stand und Amt es ihm vorschrieben?! Die «Maestre della battuda» mögen jedenfalls alle Hände voll zu tun gehabt haben ...

Die Zöglinge der Pietà wurden in zwei Gruppen eingeteilt: die musikalisch gar nicht oder weniger begabten «figlie di commun» und die «figlie di choro», aus denen sich Chor und Orchester rekrutierten. Die besten unter diesen trugen den Titel einer «privi!eggiata di choro» und genossen auch im täglichen Leben einige Privilegien; sie durften beispielsweise das Institut verlassen und ihre Kunst anderenorts, auch auf den Opernbühnen, zu Gehör bringen. Alle Mädchen waren – in Anbetracht ihrer oft im

Eine «ospealiere».
Stich von Vincenzo Coronelli

Francesco Gasparini.
Zeichnung von
Pier Leone Ghezzi

dunkeln liegenden Herkunft wohl eine Notwendigkeit – nur unter ihrem
Vornamen bekannt, dem die musikalische Funktion hinzugefügt wurde:
Cattarina dal Cornetto, Luciana organista, Lucieta dalla viola, Madda-
lena dal Soprano, Michieletta del violin, und so fort. Die meisten von
ihnen konnten sich – die zeitgenössischen Quellen beweisen es ebenso wie
die Partituren, die Vivaldi für sie schrieb – ohne weiteres mit ihren bedeutendsten Kollegen messen und trugen wesentlich dazu bei, die Sonn- und
Feiertagskonzerte der Pietà weit über die Grenzen Venedigs hinaus berühmt zu machen. Für die Verwaltung war dieser Ruhm von existentieller
Bedeutung, bildeten doch die Einnahmen aus den Konzerten einen wesentlichen Anteil des Etats, von dem das Institut getragen wurde; der
Ruhm des Ospedale aber stieg und fiel mit den «Maestre», die in seinen
Diensten standen.

Wie seine Vorgänger war auch Francesco Gasparini, der am 5. Juni
1701 zum «Maestro di choro» ernannt worden war, darauf bedacht, das
Ansehen der Pietà zu mehren. Er erreichte es unter anderem, daß am
12. August 1703 per Ratsbeschluß drei neue Lehrkräfte «di Viola, Violin
e Aboè»[143] genehmigt wurden. Als «Maestro di violino»[144] mit dem üblichen Monatsgehalt von 5 Dukaten engagierte man «D[on] Antonio Vivaldi», wie ein Dokument vom 17. März 1704[145] über die Honorarzahlung
für die vergangenen sechs Monate belegt. Als Oboenlehrer wurde zu den
gleichen Bedingungen Ignazio Rion eingestellt; für die Viola scheint man
zunächst niemanden gefunden zu haben, doch Vivaldi wird wohl auch in
diesem Fach unterrichtet haben, wie einem Dokument vom 17. August
1704 zu entnehmen ist: «Da Don Antonio Vivaldi weiterhin erfolgreich

als Violinlehrer der Mädchen tätig ist und auch im Unterricht der Viola Inglese eifrig fortfährt, der von der Verwaltung nicht als Amtspflicht desselben betrachtet wird, ergeht der Beschluß, seinem gewöhnlichen Honorar weitere 40 Dukaten jährlich für den Unterricht der Viola all'Inglese hinzuzufügen; dieser Gesamtbetrag von 100 Dukaten jährlich soll ihn, zum Vorteil auch für die Mädchen, in der Ausübung seiner Pflichten ermutigen.»[146]

Zu Vivaldis Pflichten gehörte es offenbar auch, für Anschaffung und Reparatur der Streichinstrumente Sorge zu tragen; am 20. März 1704 werden ihm 10 Dukaten für eine Violine erstattet[147], am 2. März 1705 16 Dukaten für eine weitere Violine, am 18. Dezember desselben Jahres 24 Dukaten für vier Violen, und so weiter. Nach 1709 nehmen entsprechende Zahlungsanweisungen in den Kassenbüchern der Pietà ab; es scheint, daß Vivaldi fortan mit dem Fundus an Violinen und Violen zufrieden war.[148]

Schon in seinen ersten Jahren am Ospedale della Pietà behauptete sich Vivaldi als eine der führenden Persönlichkeiten des Instituts, zumal Gasparini für die «ospealiere» offenbar weniger Neigung verspürte als für das Theater: allein in den beiden Jahren 1704 und 1705 brachte der Lucchese in Venedig acht neue Opern zur Aufführung. Es ist immerhin erstaunlich, daß ein so junger und noch relativ unbekannter Musiker, wie es

Vivaldi: Opus II.
Druck: Antonio Bortoli

Di D. Antonio Vivaldi Opera Seconda.

Vivaldi 1703 mit seinen 25 Jahren war, mit einer derart bedeutenden Position des venezianischen Musiklebens betraut wurde; schließlich hatte die Pietà schon damals «unter den vier Ospedali den besten Ruf für die Qualität der Musik und das instrumentale Können»[149], den sie noch in den sechziger Jahren behauptete. Vielleicht haben die guten Beziehungen des Vaters bei Vivaldis Anstellung eine gewisse Rolle gespielt.

Aber der «prete rosso» nahm sich mit viel Engagement und Geschick des ihm übertragenen Amtes an und machte sich rasch unentbehrlich; 1705 wird sein Gehalt abermals um 50 Dukaten erhöht «mit der Verpflichtung, die jungen Mädchen in der Komposition zu unterrichten und für die Aufführung der Concerti Sorge zu tragen»[150]. Zu jener Zeit war Vivaldi bereits als Geiger und Komponist berühmt, und sein Name begann auch außerhalb Venedigs bekannt zu werden: zweifellos der beste Moment, mit einem ersten gedruckten Opus an die Öffentlichkeit zu treten.

Giuseppe Sala, der 1676 gemeinsam mit dem Komponisten Natale Monferrato in Venedig einen Musikverlag gegründet hatte, genoß Anfang des 18. Jahrhunderts den besten Ruf; sein Verlagszeichen – der Harfe spielende König David (als Hinweis auf das mit dem gleichen Symbol geschmückte Verlagshaus an der Kirche San Giovanni Grisostomo) – garantierte sorgfältig und typographisch sauber gesetzte Ausgaben. Wenn Sala trotzdem gegen 1715 seine Tätigkeit einstellte, so mag das vor allem daran gelegen haben, daß er noch mit separaten Typen arbeitete, während andere Verleger – etwa Estienne Roger in Amsterdam – durch das Zusammenbalken von Notengruppen lesefreundlichere Ausgaben auf den Markt brachten. (Vivaldi selbst hat später den *mangelhaften Druck*[151] seiner in Venedig erschienenen Werke beklagt.)

Im Jahre 1705 veröffentlichte Sala Vivaldis Opus I: zwölf *Suonate / Da Camera / A Trè due Violini, e Violone ò Cembalo*. Sie sind dem Grafen Annibale Gambara gewidmet, Mitglied einer Familie, die mit Jahreseinkünften von zeitweise 20000 Dukaten zu den oberen Zehntausend der «Serenissima» gehörte[152] (aber nicht unbedingt zu den Unbescholtensten: am 23. Januar 1760 wurde Allemanno Gambara als Anführer einer Bande von Straßenräubern des Landes verwiesen![153]). Da die Gambaras wie Vivaldis Vorfahren aus Brescia stammten, ist nicht auszuschließen, daß die beiden Familien schon dort in Kontakt standen.

Das Titelblatt von Salas Ausgabe wirft zwei Fragen auf: warum findet sich – entgegen allen späteren Drucken – kein Hinweis auf Vivaldis Tätigkeit am Ospedale della Pietà, sondern nur der Attribute *Musico di Violino / Professore Veneto* (das Wort «professore» bezeichnet den Stand eines Berufsmusikers, nicht aber eine Lehrtätigkeit, die durch den Titel eines «maestro» ausgewiesen wäre)? Und warum erscheint nicht – wie sonst bei den Erstdrucken Salas üblich – das Familienwappen des Widmungsträgers, sondern das Verlagszeichen als Vignette? Michael Talbot hat auf Grund dieser Besonderheiten vermutet, daß es sich bei der Ausgabe von 1705 bereits um den Nachdruck einer früheren Erstausgabe handeln könnte, die zwischen März (Priesterweihe; der Komponist ist als *D*[on] *Antonio Vivaldi* angegeben) und September («Maestro di violino» an der

Pietà) 1703 erschienen sein müßte; bis heute hat sich diese These allerdings nicht erhärten lassen.

Aber auch dann, wenn Salas bekannter Druck die Erstausgabe der zwölf Triosonaten darstellen sollte, kann man davon ausgehen, daß diese – zumindest teilweise – schon vor 1705 in Venedig kursierten. Das der Verlagspraxis der Zeit entsprechende Zusammenfassen von (meist sechs oder zwölf) Werken gleicher Besetzung für die Veröffentlichung unter einer Opusnummer darf nicht dazu verleiten, die entsprechenden Stücke auch ihrem Entstehungsprozeß nach als zusammenhängend anzusehen. Oft stellte der Komponist (oder auch der Verleger) Werke zusammen, deren Entstehungszeit Jahre auseinanderlag.[154] Vivaldi hat die Sonaten seines Opus I vielleicht für sich und seinen Vater geschrieben und sie auch mit diesem gemeinsam aufgeführt; möglicherweise sind sie sogar seiner Berufung an die Pietà förderlich gewesen.

Das Ospedale della Pietà war seit 1703 zwar Vivaldis zentrale, aber durchaus nicht seine einzige Wirkungsstätte. Als bekannte, wenn nicht gar berühmte Persönlichkeit des öffentlichen (Musik-)Lebens fand er leicht Zugang zu den mondänen Salons Venedigs und verstand es geschickt, sich die Gunst und die Freundschaft einflußreicher Mäzene zu sichern. Einer von ihnen war der Abbé Henri-Charles Arnauld de Pomponne, seit 1704 französischer Botschafter im Reiche des Dogen. Gemeinsam mit dem Tenor Giovanni Paita vom Teatro Sant'Angelo (dessen Impresario Vivaldi 1714 werden sollte) trat der «prete rosso» 1705 in einem Benefizkonzert auf, das der Abbé in seinem Hause zugunsten des niedergebrannten Klosters San Girolamo veranstaltete.[155] Auch in dem prunkvollen Palazzo der Familie Ottoboni am Canale di Cannareggio waren Paita und Vivaldi häufige und gern gesehene Gäste. 1707 lud Graf Ercolani, kaiserlicher Gesandter in Venedig, zu einem musikalischen Wettstreit zwischen Giovanni Rueta, dem Protegé des Kaisers, und Antonio Vivaldi ein, dem Favoriten der Venezianer; es mag ein ähnlich spektakuläres gesellschaftliches Ereignis gewesen sein wie 130 Jahre später das «Wettspiel» zwischen Sigismund Thalberg und Franz Liszt in Paris – mit einem Unterschied freilich: Vivaldi und Rueta gehörten dem Klerus an.

Viele seiner Bekanntschaften konnte Vivaldi bei Konzerten in der Pietà schließen, wo sich regelmäßig ein illustres Publikum versammelte. Für den Dezember 1708 beispielsweise hatte König Friedrich IV. von Dänemark und Norwegen seinen Besuch in Venedig angekündigt; schon am zweiten Tag seines Aufenthalts, am 30. Dezember, empfing das Ospedale della Pietà den hohen Gast, «und die Mädchen sangen, begleitet von den Instrumenten des Maestros, der in Vertretung Gasparinis auf dem Podium stand. Großen Beifall fanden das Credo und das Agnus Dei, die mit instrumentaler Begleitung aufgeführt wurden, und es gab auch ein Concerto, geschmackvoll wie es dem Anlaß entsprach.»[156] Der Gasparini vertretende «Maestro» kann nur Vivaldi gewesen sein, und es war vermutlich auch eines seiner Concerti, das der König hörte. Er wurde dem Souverän vorgestellt und zögerte nicht, diesem sogleich mit einer Widmung zu huldigen.

Schon Ende des Jahres 1708 hatte der Verleger Antonio Bortoli die Veröffentlichung von zwölf *Sonate / A Violino, e Basso per il Cembalo* angekündigt, die dann im Frühjahr 1709 – wahrscheinlich noch vor der Abreise des Königs am 6. März – als Opus II erschienen, *Consagrate / A Sua Maesta / il Re / Federico / Quarto / di Danimarca e Norvegia.* In ihrer phrasenhaften Unterwürfigkeit entspricht die Widmung des Drucks ganz dem Stil der Zeit: *Beneidenswert ist das Los eines ehrerbietigen Herzens, das einem Herrscher begegnet, der seiner Abstammung nach groß, größer aber noch nach seiner Tugend ist, und das des Wohlwollens sicher sein muß, mit dem man seine Leistungen, wie auch immer diese ausfallen mögen, annimmt.*[157] Doch Friedrichs *Umilissimo Devotissimo Ossequiosissimo Servitore Antonio Vivaldi* war sich dabei seines Wertes durchaus bewußt: das Titelblatt der Ausgabe begnügt sich nicht mit Nennung seines Namens, sondern weist ihn aus als *Musico di Violino, e Maestro de'Concerti del Pio Ospedale / della Pietà di Venezia.*

Dabei war Vivaldis Position an der Pietà keineswegs krisenfest. Noch am 24. Februar 1709 wurde er mit sieben gegen sechs Stimmen seines

König Friedrich IV.
von Dänemark
und Norwegen

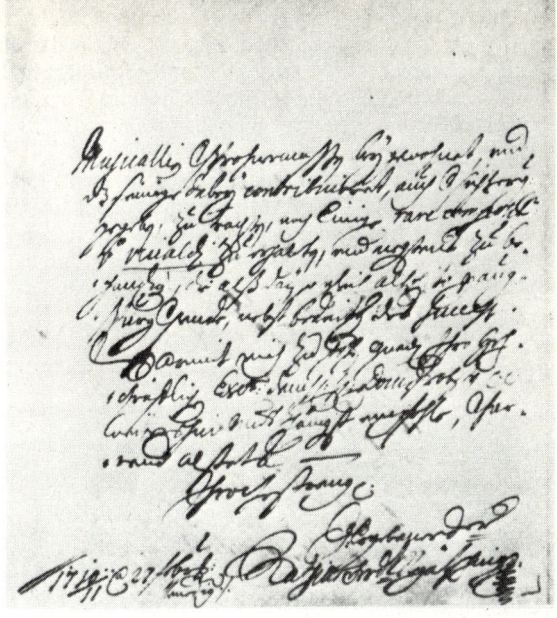

Brief des Grafen Schönborn an den Kaufmann Regaznig

Amtes enthoben[158], nachdem es Intrigen und Streitigkeiten wegen seines Gehalts und seiner Aufgaben und Rechte gegeben hatte. Doch schon wenige Wochen später erscheint sein Name in den Kassenbüchern aufs neue, jetzt sogar als «Maestro di Concerti»; damit hatte Vivaldi auch offiziell einen Großteil der Funktionen Gasparinis übernommen[159], einschließlich der Leitung aller Sonn- und Feiertagskonzerte. Allein für das Jahr 1709 sind 27 solcher Konzerte unter dem Dirigat des «prete rosso» nachweisbar.

Vivaldis Arbeit mit den «ospealiere» war für diese ebenso befruchtend wie für den Komponisten selbst. Sie bot ihm die Möglichkeit, wertvolle Erfahrungen im Umgang mit den verschiedenartigsten Instrumenten zu sammeln, denn die Mädchen «spielen Violine, Flöte, Orgel, Oboe, Violoncello, Fagott – kurz: kein Instrument ist so groß, daß es ihnen angst machen würde»[160]. Dem solistischen Können stand die Qualität des Tuttis in nichts nach: «Welche Präzision der Ausführung! Nur hier hört man diesen ‹premier coup d'archet›, den man an der Pariser Opéra zu Unrecht so sehr lobt.»[161] Mit einem solchen Ensemble muß die Arbeit eine wahre Freude gewesen sein!

Einen Großteil seiner rund 500 Concerti hat Vivaldi wohl für die Pietà geschrieben, sicherlich auch große Teile des *Estro Armonico,* den

Estienne Roger 1711 in Amsterdam als Opus III veröffentlichte. Diese Sammlung von zwölf Concerti und Concerti grossi hat zwar entscheidend zu Vivaldis europäischem Ruhm beigetragen, doch schon vorher war sein Name auch außerhalb Venedigs bekannt geworden; im Februar 1710 beispielsweise bittet der spätere Fürstbischof von Würzburg, Johann Philipp Franz von Erwein, den venezianischen Kaufmann Regaznig «zu trachten noch einige rare compositiones des Vivaldi zu erhalten und nechstens zu behendigen» [162]; und auch Johann Sebastian Bach muß schon früh mit den Werken des «prete rosso» vertraut geworden sein: «Er fing bald an zu fühlen, daß es mit dem ewigen Laufen und Springen nicht ausgerichtet sey, daß Ordnung, Zusammenhang und Verhältniß in die Gedanken gebracht werden müsse, und daß man zur Erreichung solcher Zwecke ir-

Johann Sebastian Bach

Mietvertrag mit Vivaldis Unterschrift
für ein Haus nahe der Pfarre San Provolo

gend eine Art von Anleitung bedürfe. Als eine solche Anleitung dienten ihm die damahls neu herausgekommenen Violinconcerte von Vivaldi. Er hörte sie so häufig als vortreffliche Musikstücke rühmen, daß er dadurch auf den glücklichen Einfall kam, sie sämtlich für sein Clavier einzurichten.»[163]

Es ist verständlich, daß die Pietà darauf bedacht war, einen so renommierten Musiker in ihren Diensten zu halten; einstimmig wurde Vivaldi am 27. September 1711[164] in seinem Amt als «Maestro di violino» bestätigt. Doch die vielfältigen Aufgaben am Ospedale haben scheinbar nicht genügt, sein Interesse von anderen Bereichen des Musiklebens, insbesondere von der Oper, abzulenken.

Seine Freundschaft mit Paita beweist, daß Vivaldi bereits um 1705 Verbindungen zu den Theatern Venedigs unterhielt. Vielleicht vertrat er sogar nach wie vor gelegentlich seinen Vater (mit dem er seit April 1711 eine Wohnung im Pfarrbezirk von San Provolo teilt[165]) als Geiger im Teatro

San Giovanni Grisostomo? Und hatte nicht Gasparini seine größten Erfolge auf der Bühne errungen? Und war nicht die Aufführung zweier Opern Alessandro Scarlattis – «Mitridate Eupatore» und «Il trionfo della libertà» – das meistbeachtete Ereignis der Karnevalssaison 1707 gewesen? Seit etwa 1707 gehörte auch Francesco Santurini zum Freundeskreis des «prete rosso», der Impresario des Teatro Sant'Angelo.

Es war nur mehr eine Frage der Zeit, bis sich Vivaldi dem Musiktheater zuwenden würde.

Die Sonaten und Concerti für Violine

In einem Stadtführer Venedigs auf das Jahr 1713[166] werden Antonio Vivaldi und sein Vater als herausragende Geiger geradezu wie eine Sehenswürdigkeit angepriesen, und noch nach dem Tod des «prete rosso» nennt ihn Pietro Gradenigo einen «eccelentissimo Sonatore di Violino» und «stimato compositore de concerti».[167] Vivaldis Ruhm als Geiger stand dem als Komponist in nichts nach.

Über sein Spiel gibt es eine Reihe zeitgenössischer Berichte, die seine ungewöhnliche Virtuosität dokumentieren. Im Februar 1715 etwa besuchte Johann Friedrich Armand von Uffenbach eine Opernaufführung

*Johann Friedrich
Armand von Uffenbach
Stich von Beer*

Johann Georg Pisendel

im Teatro Sant'Angelo: «... gegen das ende spielte der vivaldi ein accompagnement solo, admirabel, woran er zuletzt eine phantasie anhing die mich recht erschrecket, denn dergleichen ohnmöglich so jehmahls ist gespielt worden, noch kann gespiehlet werden, denn er kahm mit den Fingern nur einen strohhalm breit an den steg daß der bogen keinen plaz hatte, und das auf allen 4 saiten mit Fugen und einer geschwindigkeit die unglaublich ist.»[168] Eine atemberaubende Technik, aber vielleicht auch nicht mehr, wie Uffenbach sich bei einer späteren Gelegenheit überzeugen konnte: «... nach dem essen kahm der Vivaldi der berühmte componist und violinspiehler zu mir, weil es offtmahls in seinem hauß sagen laßen, da ich denn wegen einigen concerti grossi, so ich gern von ihm gehabt hätte, redete und selbige bey ihm bestellte, Ihm auch weil er unter die cantores gehört etliche bouteillen wein langen ließ, dabey er dann seine sehr schwehre und inimitablen phantasien auf der violin hören ließ, da ich denn in der näh seine geschicklichkeit noch mehr bewundern mußte und ganz deutlich sah, daß er zwar extra schwehre und bunte sachen spiehlte aber keine annehmliche und cantable manir dabey hatte.»[169] Sollte der anonyme Autor eines Aufsatzes, der im Juni 1738 im «Mercure de France» erschien, mit seinem Urteil recht gehabt haben, Vivaldi sei «kunstvoller in seinen Kompositionen als in seinem Geigenspiel»[170]? Oder ist Carlo Goldoni der glaubwürdigere Zeuge, der ihn «einen hervorragenden Geiger und mittelmäßigen Komponisten» nannte[171]?

Vivaldi: Concerto RV 237 «per il Sig.' Pisendel»

Immerhin genoß Vivaldi als Violinvirtuose europäischen Ruf, und vor allem aus dem deutschen Raum kamen zahlreiche Musiker nach Venedig, um bei dem «prete rosso» Unterricht zu nehmen: um 1716 zum Beispiel Daniel Gottlob Treu (Daniele Teofilo Fedele, wie er seinen Namen italienisierte, was Mendel und Reißmann dazu verleitet hat, daraus zwei Personen zu machen[172]); im Jahr darauf Johann Georg Pisendel: «... zu Venedig [lernte er] den mit Ruhm bekannten Vivaldi, nebst noch anderen Virtuosen, kennen, und machte sich auch von ihren musikalischen Geschicklichkeiten, was er für nöthig fand, zu Nutze. Von Vivaldi ... hat er sogar noch förmliche Lectionen auf der Violin genommen.»[173] Und nicht nur das: zwischen Vivaldi und dem neun Jahre jüngeren Pisendel muß es ein regelrechtes Freundschaftsverhältnis gegeben haben; mehrere Violinkompositionen des Venezianers sind Pisendel gewidmet[174], der seinerseits als Konzertmeister der Dresdner Hofkapelle dafür sorgte, daß die Werke seines Lehrers dort publik wurden.

Doch schon vor Pisendels Eintreten für Vivaldi war dessen Musik gerade in Sachsen alles andere als unbekannt oder unbeachtet; um 1714 lernte Johann Joachim Quantz das Schaffen des «prete rosso» kennen und schätzen: «In Pirna bekam ich zu dieser Zeit die Vivaldischen Violinenconcerte zum erstenmale zu sehen. Sie machten, als eine damals ganz neue Art von musikalischen Stücken, bey mir einen nicht geringen Eindruck. Ich unterließ nicht, mir davon einen ziemlichen Vorrath zu sammeln. Die prächtigen Ritornelle des Vivaldi, haben mir, in den künftigen Zeiten, zu einem guten Muster gedienet.»[175] Der Einfluß Vivaldis ist auch bei Franz Benda («Zugleich übte ich mich auf der Violine und spielte die damahligen Vivaldischen Concerte auswendig.»[176]) und Jan Dismas Zelenka, der mehrere Werke des Venezianers für sich abschrieb, nachzuweisen. Darüber hinaus gibt es eine ganze Reihe italienischer Musiker, die möglicherweise bei Vivaldi studiert haben: Giovanni Battista Somis, Carlo Tessarini, Giuseppe Fedeli und andere.[177]

Es läßt sich allerdings ein deutlicher Bruch in Vivaldis Reputation als Geiger feststellen, für den es zwei Gründe gegeben haben mag: zum einen dürfte er mit wachsendem Engagement im Musiktheater immer weniger Zeit und Lust gehabt haben, sich um die Violine zu kümmern, zum anderen erwuchs ihm gegen Ende der zwanziger Jahre in Giuseppe Tartini ein

Giuseppe Tartini.
Stich von C. Calcinoti,
1770

gefährlicher Konkurrent, der ihn schon bald an Virtuosität übertraf. Charles de Brosses erlebte den in Ruf und Auftreten Paganini nicht unähnlichen Paduaner im September 1739: «... in der äußersten Reinheit der Intonation, bei der nicht der kleinste Ton verlorengeht, und in der vollkommenen Sicherheit ist es das Beste was ich je gehört habe.»[178] Auch in seiner Wirkung auf nachfolgende Geigergenerationen hat Tartini den «prete rosso» in den Schatten gestellt.

Kompositorisch dagegen war und blieb Vivaldi das Vorbild, wie schon Gerber erkannte: «Auch stand er ... als Violinist in viel höherem Werthe, als wegen seiner Opernkompositionen, und das mit Recht; denn ob er gleich nicht so viele Schüler als Tartini aufzuweisen hat ... so hat er doch durch seine vielen herausgegebenen Violinconcerte, nicht nur dadurch unendlichen Nutzen gestiftet, daß er angehenden Künstlern, gute und richtig gesetzte Violinsachen zum Studio daran in die Hände gab; sondern er hat auch gleichsam darinne den Ton, zu der über dreyßig Jahre, besonders in Berlin beliebten Manier von Conzerten angegeben.»[179] Und noch 1838, als Vivaldis Name vielerorts schon nahezu vergessen war, schrieb Schilling: «Die besten aller seiner Compositionen waren die Violinconcerte, jedoch nicht so sehr um der Gediegenheit ihres Satzes für sich willen, als weil vor ihm noch keine Compositionen der Art existirten, welche dem Instrumente so sehr denn die seinigen angemessen gehalten waren. Mochte dieser Umstand auch besonders wohl zu dem großen Ansehen beitragen, in welchem er in der That stand.»[180]

Die so vielfach gerühmten Violinkonzerte bilden auch die größte Werkgruppe in Vivaldis Œuvre: 241 Concerti für Violine, Streicher und Basso continuo, 28 Concerti für zwei Violinen, eines für drei und vier für vier Violinen, 39 Concerti, in denen neben anderen Soloinstrumenten eine oder mehrere Violinen solistisch eingesetzt sind, und 21 Concerti für Violine(n) und andere Instrumente mit bloßer Continuo-Begleitung; hinzu kommen 45 Sonaten für Violine und Continuo, zwanzig weitere für zwei Violinen und Continuo und zehn Sonaten für Violine und andere Instrumente mit Continuo-Begleitung[181]: mehr als 400 Werke also, in denen Vivaldi sein Instrument solistisch eingesetzt hat, ganz abgesehen von den Violinsoli in den Concerti für Streicher und in den Opern; und es steht auch hier zu erwarten, daß im Zuge weiterer Forschungen noch bisher unbekannte Partituren des «prete rosso» entdeckt werden.

Nur verhältnismäßig wenige der Concerti sind zu Lebzeiten Vivaldis verlegt worden. Zum einen blieb nur bei den unveröffentlichten Werken die Exklusivität gewahrt, daß niemand außer dem Komponisten selbst sie spielen konnte – eine ähnliche Angst vor Konkurrenten und Nachahmern läßt sich später auch bei Paganini und anderen Virtuosen-Komponisten des 19. Jahrhunderts feststellen. Zum anderen hatte Vivaldi schon bald erkannt, daß sich unveröffentlichte Werke leichter und gewinnbringender in klingende Münze verwandeln ließen: «Ich hatte dieser Tage einige Gespräche mit Ihrem Freund Vivaldi, der mir sagte, er sei entschlossen, keine Concerti mehr zu veröffentlichen, da ihn dies daran hindere, seine Kompositionen im Manuskript zu verkaufen, was er für sehr viel einträglicher hält; er erwartet für jedes Werk eine Guinee, wenn der Markt günstig ist.»[182] Der Wert einer Guinee entsprach damals, 1733, etwa dem von 2,3 Dukaten – fast einem halben Monatsgehalt also, das Vivaldi als «Maestro di violino» der Pietà erhielt. Eine lukrative Einkommensquelle, bedenkt man, daß er seine Concerti meist stoßweise an den Mann brachte: «Nachmittag kahm der vivaldi zu mir und brachte mir, weil [ich] es bestellt hatte, 10 concerti grossi, so wie er sagte mir expresse componirt hätte.»[183]

In der Regel gilt der Bolognese Giuseppe Torelli als «Erfinder» der Solokonzertform, genauer gesagt die sechs Concerti für Violine seiner 1709 veröffentlichten Sammlung Opus VIII. Vermutlich hatte Vivaldi aber damals bereits seine ersten Concerti geschrieben[184], in denen sich das Formmodell, das den meisten seiner konzertanten Werke zugrunde liegt, schon deutlich abzeichnet: eine dreisätzige Anlage der Abfolge schnell – langsam – schnell, deren Ecksätze aus einem Wechsel von vier oder fünf Ritornellen (Tutti, Ripieni) mit drei oder vier Soloabschnitten bestehen, während die Mittelsätze – oft mit bloßer Begleitung des Continuos – dreiteilig konzipiert sind. Einer der ersten, die diese Form und ihre Erfüllung theoretisch behandelt haben, war Quantz (in seinem 1752 erschienenen «Versuch einer Anweisung die Flöte traversiere zu spielen»), und er hat sich dabei expressis verbis auf Vivaldi berufen.

«Ein ernsthaftes, oder für das Große gesetztes einfaches Concert verlangt im ersten Satz: 1) ein prächtiges und mit allen Stimmen wohl ausgearbeitetes Ritornell ... 8) Im Ritornell muß man eine proportionirliche Länge beobachten. Es muß dasselbe wenigstens aus zweenen Haupttheilen bestehen. Der zweyte Theil davon, muß, weil man ihn am Ende des Satzes wiederholet, und damit schließet, mit den schönsten und prächtigsten Gedanken ausgekleidet werden ... 10) Die Solosätze müssen theils singend seyn, theils muß das Schmeichelnde mit brillanten, melodischen, und harmonischen, dem Instrumente aber gemäßen Passagien, untermischet, auch, um das Feuer bis ans Ende zu unterhalten, mit kurzen, lebhaften, und prächtigen Tuttisätzen abgewechselt werden ... 12) Das Accompagnement unter dem Solo muß nicht solche Bewegungen haben, welche die concertirende Stimme verdunkeln könnten; es muß vielmehr immer wechselweise bald aus vielen, bald aus wenigen Stimmen bestehen: damit die Hauptstimme dann und wann Luft bekomme, sich mit mehrerer Freyheit hervor zu thun. Licht und Schatten muß überhaupt immer unterhalten werden ...

Das Adagio muß sich überhaupt, im musikalischen Reimgebäude, in der Tactart, und in der Tonart, vom ersten Allegro unterscheiden ... Um die Leidenschaften zu erregen, und wieder zu stillen, giebt das Adagio mehr Gelegenheit an die Hand, als das Allegro ... 3) Die Hauptstimme muß einen solchen Gesang haben, der zwar einigen Zusatz von Manieren leidet; doch aber auch ohne denselben gefallen kann. 4) Der Gesang von der Hauptstimme muß, mit den dazwischen vermischten Tuttisätzen, concertiren. 5) Dieser Gesang muß eben so rührend und ausdrückend gesetzet werden, als wenn Worte darunter gehöreten ...

Das letzte Allegro eines Concerts muß sich nicht nur in der Art und Natur, sondern auch in der Tactart, vom ersten Satze sehr unterscheiden. So ernsthaft das erste seyn soll; so scherzhaft und lustig muß hingegen das letztere seyn . . .

Um auch bey einem Concert eine proportionirliche Länge zu beobachten; kann man die Uhr dabey zu Rathe ziehen. Wenn der erste Satz die Zeit von fünf Minuten, das Adagio fünf bis sechs Minuten, und der letzte Satz drey bis vier Minuten einnimmt: so hat das ganze Concert seine gehörige Länge.» [185]

Ein Modell, dem Vivaldi wie gesagt im großen und ganzen in fast allen Concerti entspricht. Und doch finden sich zahllose, nur auf den ersten Blick unbedeutende Abweichungen von diesem Schema, die jedem einzelnen Werk seinen besonderen Charakter geben.

In Pisendels Abschrift eines Concertos in D-Dur [186] zum Beispiel finden sich in den Ecksätzen ausgeschriebene Kadenzen der Solovioline von unerhörter Virtuosität, deren Ambitus bis zum Fis der viergestrichenen Oktave (12. Lage) reicht. Insgesamt sind sieben ausgeschriebene Kadenzen Vivaldis durch die Dresdner Sammlung überliefert [187], und es kann sich dabei vielleicht um Studienmaterial für Pisendel gehandelt haben. Andererseits steht zu vermuten, daß Vivaldi auch bei anderen Werken solche Kadenzen improvisierte, wie es dem Publikumsgeschmack entsprach; Quantz schreibt, «daß aber ohnegefähr zwischen 1710. und 1716. die itzo üblichen Cadenzen, bey denen sich der Baß aufhalten muß» – Vivaldi gibt für das Tutti vor solchen Kadenzen gelegentlich den Hinweis: *hier mache man nach Belieben halt* [188] – «Mode geworden sind» [189].

Virtuosität und Effekt liegen oft nahe beieinander. Ein solcher Effekt ist auch die Skordatur der Violine, das Umstimmen einer oder mehrerer Saiten des Instruments; bezeichnenderweise war es ein Venezianer – Biagio Marini –, der diese von der Laute herrührende Praxis erstmals auf die Violine übertrug, und zwar schon Anfang des 17. Jahrhunderts, lange also vor Heinrich Ignaz Franz Bibers berühmten «Rosenkranz-Sonaten».[190] Vivaldi hat die Skordatur der Violine fünfmal [191] vorgeschrieben und diesen Effekt teilweise um andere erweitert: einmal gibt er an, die Violine sei *senza Cantin* [192] zu spielen, also ohne die E-Saite, ein anderes Concerto ist *con Violini d'accordatura diversa* [193] komponiert, das heißt, daß auch die Tutti-Violinen skordiert sind. Grund für die Skordatur ist eine Erweiterung der Arpeggio-Möglichkeiten, die in Vivaldis Violinkompositionen eine bedeutende Rolle spielen und eng mit der Bogentechnik verbunden sind; auch hier, vor allem in den Staccatopassagen, zeigt sich, daß der «prete rosso» über eine erstaunliche Virtuosität verfügt haben muß, die er auch seinen Schülerinnen vermittelte.

Denn die Concerti waren ebenso für die Konzerte des Ospedale bestimmt, wie sie auch Anschauungs- und Unterrichtsmaterial für die «ospealiere» darstellten. Von drei Werken weiß man, daß sie p[er] *la Sig^a Anna Maria* [194] komponiert wurden, andere Partituren enthalten Ausführungshinweise für den Solisten – wie *arco attacato* [195] oder [*il violino*] *Sopra il Canto* [196] –, wieder andere hat Vivaldi mit Fingersätzen versehen [197];

hier sei auch noch auf drei Concerti hingewiesen, die *P*[er] *Violino in Tromba*[198] komponiert sind: ein Hinweis auf Trompeten imitierende Doppelgriffe des Soloparts.

Eine besondere Werkgruppe stellen jene Concerti dar, die Vivaldi mit programmatischen Titeln versehen hat, allen voran die vier ersten Konzerte des Opus VIII[199] – «Die vier Jahreszeiten» (zu denen Vivaldi selbst vier programmatische Sonette verfaßt hat) –, die sich schon zu Lebzeiten des Komponisten außerordentlicher Beliebtheit erfreuten. Vor allem in Frankreich, wo der Zyklus (in einem der Pariser «Concerts Spirituels») am 7. Februar 1728[200] erstmals aufgeführt worden war, kannte die Begeisterung keine Grenzen und wurde selbst von Ludwig XV. geteilt.[201] Ein Zeichen dieser Begeisterung sind nicht zuletzt die zahlreichen Bearbeitungen, in denen besonders *La primavera* erschien: unter anderem 1739 durch Nicolas Chédeville[202], 1765 durch Michel Corrette (als «Laudate Dominum ... à Grand Chœur arrangé dans le Concerto du Printems de Vivaldi»[203]), und noch 1775 durch keinen geringeren als Jean-Jacques Rousseau, der das Werk für Flöte solo einrichtete.[204]

Auch die anderen «Concerti con titoli» seien hier genannt: *Il piacere* («Das Vergnügen»), *Il Sospetto* («Der Argwohn»; die Tonart c-moll und die reiche Chromatik entsprechen ganz dem «psychologischen Programm»), *Grosso Mogul* («Der Großmogul» – ein Titel, der wahrscheinlich nicht von Vivaldi herrührt), *L'Inquietudine* («Die Unruhe»; auch hier entspricht die musikalische Textur, vor allem des Kopfsatzes, der programmatischen Idee), *La Tempesta di mare* («Der Seesturm»; den Titel hat Vivaldi noch für drei andere Werke verwendet), *Il Ritiro* («Die Zurückgezogenheit»; auch dieser Titel taucht mehrfach auf), *Il Riposo/Per il natale* («Die Ruhe»/«Für das Weihnachtsfest»), *L'Amoroso* («Der Liebhaber»; der für einen Kopfsatz ungewöhnliche Siciliano-Rhythmus schafft eine pastorale Stimmung, die dem Titel entspricht), *Il Favorito* («Der Günstling»), *Il Mare Tempestoso* («Das stürmische Meer», ein verschollenes Werk), *The Cuckow* («Der Kuckuck»), *Il Rosignuolo* («Die Nachtigall»), *La Caccia* («Die Jagd»), *Il Corneto da Posta* («Das Posthorn»), *Il Gardellino* («Der Distelfink», auch als Flötenkonzert überliefert), *La Pastorella* («Die Schäferin»), *La Notte* («Die Nacht», wiederum ein mehrfach verwendeter Titel), und schließlich das merkwürdige Concerto für Violine und Violoncello *Il Proteo o sia il mondo als rovescio* («Proteus oder die verkehrte Welt»), zu dem Vivaldi angibt: *Die Solovioline kann die Soli des Violoncellos spielen und umgekehrt das Violoncello die Soli der Violine.*[205]

Die Beziehungen der Titel zur musikalischen Substanz des jeweiligen Werkes sind vielgestaltig. Vogelstimmenimitationen, wie man sie auch in den *Quatro stagioni* findet, Jagd- und Posthorn-Nachahmungen, oder der Hinweis *Senza Cembali sempre*[206], um das Gefühl der Ruhe einzufangen, ebenso wie der für dasselbe Werk geltende Hinweis *tutti gl'Istrom*^{ti} *sempre sordini*. Ziel der Titel und der durch sie bedingten Eigenheiten des musikalischen Satzes war es zweifellos, das Publikum durch ständig neue Reize zu verführen und sich in der Zeichnung (und Überzeichnung) in-

Arcangelo Corelli

strumentaler Affekte hervorzutun. Gerade für die Venezianer war dies von Bedeutung, denn «die Musik wirkte mächtig auf die weichen sensitiven Seelen. Zeitgenossen berichten, häufig seien Frauen beim Anhören ... in Thränen und Schluchzen ausgebrochen und in Verzückungen geraten.»[207]

Die fulminante Virtuosität seines Violinstils ist aus Vivaldis Partituren freilich nur annähernd herauszulesen; einer bis zu Mozarts Klavierkonzerten hin gängigen Praxis entsprechend ist auch Vivaldis Notation oft nur als Kürzel möglicher Appoggiaturen und Aussetzungen zu verstehen, deren Realisation dem Gutdünken (und dem Können) des Interpreten vorbehalten bleibt. Charakteristische Beispiele dieser Praxis sind Vivaldis Manuskripte der Concerti A-Dur und d-moll, beide *fatto per il M:Pisendel*[208], in denen von der Hand des Widmungsträgers Verzierungs-Entwürfe und Diminutions-Skizzen vermerkt sind.

Als Geiger und Komponist von Sonaten und Concerti für Violine steht Vivaldi in einer bemerkenswerten Tradition der venezianischen Musik, und gleich ihm waren auch seine Vorläufer stolz darauf, sich «Musico della Serenissima Signoria di Venetia» nennen zu dürfen, wie es Biagio

Marini in seinen «Affetti musicali» Opus I von 1617 tat. In seiner Nach-folge haben Komponisten und Geiger wie Giovanni Battista Fontana, Massimiliano Neri, Martino Pesenti, Tarquinio Merula oder Bartolomeo Montalbano den Violinstil Vivaldis vorbereitet. Doch die venezianische Violinschule stand nicht allein: das ganze 17. Jahrhundert über konkur-rierte sie mit Bologna, vor dessen überragenden Künstlerpersönlichkei-ten die Serenissima schließlich kapitulieren mußte; Giuseppe Torelli, Arcangelo Corelli und dessen Schüler Pietro Locatelli waren es, die über Pugnani und Viotti die Geiger des 19. Jahrhunderts entscheidend beein-flußt haben. Zeitweise nahm die Konkurrenz allerdings auch die Form gegenseitiger Nachahmung an: so wie Leonardo Brugnoli «detto il Vene-ziano»[209] als Lehrer Corellis diesen geprägt hat, so diente Corelli seiner-seits als Vorbild für die Opera I, II und V des «prete rosso».

Daß Vivaldi die Kompositionen des 25 Jahre älteren Kopfes der Bolo-gneser Schule gekannt hat, steht außer Frage; Arcangelo Corelli gehörte zu den erfolgreichsten Autoren der Zeit, und jedes seiner Werke kur-sierte schon bald nach dem Erscheinen in zahlreichen Nachdrucken. Auch zwei der vier zwischen 1681 und 1694 erstveröffentlichten Triosona-ten-Sammlungen – die Opera II und IV mit je zwölf «Sonate da Camera» – lagen bereits in venezianischen Reprints (Giuseppe Salas) vor, als Vival-dis Opus I erschien, das im großen wie im kleinen dem Modell Corellis folgt. Bei beiden erscheint der Typus der Kammersonate mit dem der «Sonata da chiesa» vermischt: ein langsamer Satz (*Preludio*) in freier Form wird von zwei oder drei Tanzsätzen (*Allemanda, Corrente, Saraban-da, Giga* oder *Gavotta*) gefolgt, zwischen die gelegentlich ein weiterer langsamer Satz freier Form eingeschoben ist. Während die Harmonik in archaischen Mustern verharrt, zeigt die Melodik eine oft beachtliche Vir-tuosität, die aber meist vordergründig und spröde bleibt. Die Abhängig-keit von Corelli mag zu stark gewesen sein, als daß sich Vivaldis Personal-stil frei hätte entfalten können.

Eine Ausnahme bildet allerdings die den Zyklus beschließende Sonate Nr. 12 in d-moll, eine Variationsfolge über ein sechzehntaktiges, unter dem Namen «La fol(l)ia» berühmtes Baßthema. Zwar wird gerade hier das Vorbild Corellis besonders deutlich, dessen Sonaten-Sammlung Opus 5 gleichfalls mit «Follia»-Variationen ausklingt – ein Vorbild, dem freilich nicht nur Vivaldi gefolgt ist: virtuose «Follia»-Bearbeitungen für Violine finden sich auch bei Tomaso Antonio Vitali (1701), Henrico Albi-castro (1703) oder Giovanni Reali (1709). Vivaldi aber variiert das Thema mit einer weit über Corelli hinausgehenden Freiheit, die bereits die Mei-sterschaft späterer Werke verrät; der Continuo-Part, bei Corelli noch auf bloße Stütz- und Begleitfunktionen beschränkt, erscheint als gleichbe-rechtigter Partner der beiden Violinen und ist mit diesen in einer dichtge-webten Textur verbunden, die voll überraschender Wendungen steckt.

Außer diesen zwölf hat Vivaldi noch acht weitere Triosonaten für zwei Violinen und Basso continuo[210] hinterlassen, die jedoch in ihrer Konzep-tion eher solistischer, fast konzertanter Natur sind und nur mehr formal an Corelli erinnern.

So wie zu Beginn des 18. Jahrhunderts die Form des Concerto grosso mehr und mehr von der des Solokonzerts verdrängt wurde, so trat die Solosonate zunehmend an die Stelle der «Sonata a tre». Auch hier diente Corelli zahlreichen Komponisten als Vorbild, die nach dem Modell des 1700 veröffentlichten Opus V der neuen Gattung huldigten. In Satzfolge und -struktur unterscheidet sich die Solosonate zwar kaum vom Typus der Kammer- oder Kirchensonate; doch während diese noch ganz einem kammermusikalischen Ideal entspringen, steht die Solosonate mit der virtuosen Dominanz eines einzelnen Instruments eher der Form des Concertos nahe. Die zunehmende Emanzipation des Soloparts läßt sich in Vivaldis Schaffen deutlich verfolgen: die zwölf Sonaten des Opus II (1709) gewähren dem Continuo noch einige Selbständigkeit, neben der die Violine oft in den Hintergrund tritt; die vier Solosonaten aus Opus V (1716) – ausdrücklich als *Parte seconda del Opera Seconda*[211] bezeichnet – zeigen dagegen schon die konzertante Manier, die der Baßlinie nur geringe Bedeutung zuweist; in den für Pisendel geschriebenen Sonaten[212] schließlich steht der extrem virtuose Solopart – mit Doppelgriffen, Sprüngen und Lagenwechseln aller Art – eindeutig im Vordergrund. Die Nähe dieser vier Werke zu Vivaldis Concerti wird vor allem in der Sonate C-Dur offenkundig, deren thematisches Material sich teilweise in einem der Violinkonzerte wiederfindet.[213] Auch formal lassen sich Parallelen feststellen: das *Allegro* der A-Dur-Sonate ist durch den Wechsel von akkordischen und melodischen Passagen der konzertanten Alternanz von Ripieno und Solo auffällig verwandt. Noch deutlicher ist dies bei den sieben erst vor wenigen Jahren in Manchester entdeckten Sonaten[214], die gegen 1725 entstanden sein dürften; der Baß erfüllt hier oft nicht einmal mehr harmonische Funktion, sondern beschränkt sich darauf, dem Violinpart ein rhythmisches Fundament zu geben.

Eine letzte Frage zu Vivaldis Violinkunst läßt sich leider nicht beantworten, nämlich die, welches Instrument der «prete rosso» gespielt hat. In den Kassenbüchern der Pietà finden sich lediglich zwei Hinweise auf mögliche Beziehungen zu Geigenbauern: bei dem «Zanetti»[215], von dem er 1704 eine Violine kaufte, mag es sich allerdings eher um den venezianischen Geiger und Komponisten Antonio Zanetti(ni) gehandelt haben als um einen späten Nachfahren des Peregrino Zanetto, der im 15. Jahrhundert in der «Serenissima» als Geigenbauer nachweisbar ist. Ein anderes Dokument[216] erwähnt den «lauter» (Geigenbauer) «Mattio Selles», möglicherweise ein Nachkomme des in der ersten Hälfte des 17. Jahrhunderts wirkenden Matteo Sellas.

Zu Vivaldis Zeit war der Glanz der Cremoneser Schule in der Nachfolge des Dreigestirns Amati – Stradivari – Guarneri bereits verblaßt, und Venedig war zu einem neuen Zentrum der Geigenbaukunst geworden. Francesco Gobetti, die Brüder Franz (Francesco) und Matthias (Matteo) Gofriller, Pietro Guarneri, Domenico Montagnana, Sanctus Seraphin, David Tecchler – mit ihnen allen kann Vivaldi in Kontakt gestanden haben, und sie mögen regelmäßige Besucher seiner Konzerte am Ospedale della Pietà gewesen sein.

«Il Teatro alla Moda» – Vivaldi als Impresario und Opernkomponist (1713–1725)

In den Jahren zwischen 1708 und 1714 führte Antonio Vivaldi geradezu ein Doppelleben: auf der einen Seite war er der geschätzte und spätestens seit der Veröffentlichung seines Opus III berühmte «Maestro» am Ospedale della Pietà, ehrwürdiges Mitglied des Klerus und Protegé so mancher hochgestellten Persönlichkeit; auf der anderen Seite frequentierte er die Halbwelt des Theaters, beteiligte sich hier und da an ganz und gar unchristlichen Intrigen und pflegte einen Umgang, den man beim besten Willen nicht als untadelig bezeichnen kann. Zu dem zweifelhaften Freundeskreis des «prete rosso» gehörte auch ein neapolitanischer Abenteurer namens Sebastiano Biancardi, der in seiner Heimat als Betrüger steckbrieflich gesucht wurde und 1710 vor den Sbirren nach Venedig geflohen war.[217] Seither versuchte er sich unter dem Pseudonym Domenico Lalli als Librettist, mit wachsendem Erfolg: selbst Alessandro Scarlatti, «maestro assoluto» der neapolitanischen Oper, setzte Dramen von Lalli in Musik.[218] Und Lalli war es auch, der zu Vivaldis erster Oper das Libretto lieferte, die am 17. Mai 1713 im Teatro delle Garzerie zu Vicenza ihre Uraufführung erlebte: *Ottone in villa.*[219] Der Komponist hatte eigens von der Pietà einen einmonatigen Urlaub erhalten, «um seinen verdienstvollen Obliegenheiten nachzugehen, unter der Voraussetzung, daß er nach seiner Rückkehr seine üblichen Pflichten mit Eifer und Aufmerksamkeit erfülle»[220].

Warum war Vivaldi, der sich doch stolz *Musico Veneto* nannte, für die Premiere seines ersten Bühnenwerkes nach Vicenza ausgewichen? Zum einen wohl, weil er dort in dem Patrizier Antonio Farsetti einen einflußreichen Mäzen besaß; zum anderen, weil er in Venedig zunächst nur auf dem Feld der Instrumentalmusik zu Ehren gekommen war (auch auf dem Libretto des *Ottone* ist Vivaldi als *celebre virtuoso di Violino*[221] angegeben); ein Mißerfolg auf einer der venezianischen Bühnen hätte seinem Ruf zweifellos geschadet; sollte aber die Aufführung in Vicenza ein Erfolg werden, so waren diese ersten Lorbeeren die beste Visitenkarte, um bei den Theatern der «Serenissima» vorstellig zu werden. Und *Ottone in villa* wurde ein Erfolg: 1715 und 1720 stand die Oper in Vicenza erneut auf dem Programm, 1729 ging sie am Teatro Dolfin zu Treviso in Szene[222] – und das zu einer Zeit, da musikdramatische Werke kaum die Saison ihrer Uraufführung überlebten.

Für die italienische Oper des 17. und 18. Jahrhunderts gab es drei Saisons («stagioni») pro Jahr: «il carnavale» vom 26. Dezember bis zum Donnerstag der dritten Fastenwoche (etwa der 1. März), «la primavera» (oder «l'ascensione») vom Pfingstmontag bis zum 31. Juli, und «l'autunno» vom 1. September bis zum 30. November; die wichtigste der drei war die Karnevalssaison, zu der man auch allerorts die meisten ausländischen Besucher erwartete.

In Venedig gab es zu Vivaldis Zeit allein acht Theater, die um die Gunst des Opernpublikums wetteiferten. Sie befanden sich sämtlich im Besitz reicher Patrizierfamilien – allein die der Grimani nannte drei Theater ihr eigen[223] –, die sie an einen Impresario verpachteten. Seit der Gründung des Teatro San Cassiano durch die Familie Tron im Jahre 1637 waren Opernaufführungen für jedermann zugänglich, Abonnements der Logen und freier Billettverkauf mußten die Unkosten decken und darüber hinaus Gewinn bringen – angesichts der mächtigen Konkurrenz ein schwieriges, oft unmögliches Unterfangen.

Alles hing von der Qualität des Impresarios ab: er war es, der die Werke auswählte und in Auftrag gab, der die Verträge mit dem Librettisten, dem Komponisten und allen Beteiligten – von der Primadonna bis zur Kassiererin – abschloß (denn durch den nur saisonalen Betrieb gab es an kaum einem Theater ein festes Ensemble), und er war es auch, der mit seinem Namen und Vermögen oder Kredit für den reibungslosen und erfolgreichen Verlauf einer Saison haftete. Drei Bedingungen waren für einen Impresario unerläßlich: gute Verbindungen zu Künstlern und Geldgebern, ein gutes Gespür für das, was «alla moda» war, und ein gutes Geschick im Einfädeln und Abspulen von Intrigen, um die Konkurrenz auszustechen.

Eines immerhin erleichterte seine Aufgabe entscheidend: der unkritische Geschmack des Publikums, das mit prachtvollen Dekorationen und Kostümen für das Auge, mit bravouröser Vokalvirtuosität für das Ohr unterhalten werden wollte und weder den textlichen noch den kompositorischen Qualitäten des Werkes große Beachtung schenkte. Da jede Arie und Szene nach einem festen, ihrem Affekt gemäßen Muster gestrickt war, und da in keiner Oper andere als die allseits bekannten und benutzten Affekte vorkamen, ließen sie sich als Versatzstücke beliebig austauschen. «Wenn der Impresario einer Oper seine Truppe in einer Stadt geformt hat, wählt er als Thema seiner Oper ein Stück aus, das ihm gefällt ... dieses Stück aber ist nur ein Flickwerk, zusammengesetzt aus den schönsten Arien, die die Musiker seiner Truppe kennen: denn diese schönen Arien sind Sättel, die auf jedes Pferd passen; Liebeserklärungen des einen, die der andere erhört oder zurückweist, Freude eines glücklichen oder Klage eines unglücklichen Liebhabers, Treueschwüre oder Eifersucht, Glückstaumel oder niederschmetternde Verzweiflung, Wut, Trauer: es gibt keine Szene, in der die Italiener nicht Platz für irgendeine dieser Arien finden würden.»[224] Das Resultat solcher Flickarbeiten waren regelrechte Pasticci, von denen einige auch im Werkverzeichnis Vivaldis zu finden sind: *Bajazet* (*Tamerlano*), *Filippo Re di Macedonia* oder *Rosmira*.

Das Publikum war's zufrieden. Will man zeitgenössischen Berichten

Glauben schenken, so scheint es ohnehin vom Bühnengeschehen nicht allzuviel mitbekommen zu haben. «Viele Patrizier gingen verkleidet in's Theater, um desto ungenirter ihre Maitressen mit in die übrigens enorm theure Loge nehmen zu können. Dort wurde gelacht und gelärmt; man warf Lichtstumpfen und andere Gegenstände auf das Volk im Parterre, ja, spuckte hinab, wenn man einen kahlen Schädel sah ... In den Theatern in Venedig wurde je nach Belieben applaudirt oder gepfiffen. Lautes, anhaltendes Lachen hörte man, schrille Töne, tiefe Baßstimmen, Kichern, Schwatzen, Miauen, Krähen, erkünsteltes Niesen, Husten, Gähnen, alles ging bunt durcheinander.»[225] Wen wundert es da noch, daß manche Impresarii sich nicht einmal die Mühe machten, neue Werke auf das Programm zu setzen, sondern einfach altbekannte Opern unter einem anderen Titel aufführten: so erlebte Vivaldis *Costanza trionfante degl'amori e degl'odii* 1716 in Venedig ihre Premiere, erschien zwei Jahre später am selben Theater als *Artabano Re dei Parti*, wieder ein Jahr später in Vicenza als *Artabano*, 1731 (leicht bearbeitet) kehrte die Oper unter dem Titel *Odio vinto dalla Costanza* nach Venedig zurück, und wurde schließlich 1732 in Prag als *Doriclea* aufgeführt.[226] Andererseits zögerte auch Vivaldi nicht, der Praxis der Zeit zu folgen und gleiche Arien in mehreren Opern zu verwenden: die Arie *Povera fedeltà* aus dem *Ottone* erscheint sechs Jahre später als *Povero amante cor* im zweiten Akt des *Tito Manlio* wieder.[227]

Das einzige, worin sich die Opern voneinander unterschieden, waren die Rezitative, und sie waren es auch, auf die Vivaldi die größte Sorgfalt verwandte. Um so schlimmer traf ihn 1739 im Zusammenhang mit den Vorbereitungen für eine Aufführung seines *Siroe Re di Persia* in Ferrara der Vorwurf, die Rezitative des Werkes seien mißlungen. *Nach allem, was mein Name und mein Ruf in ganz Europa verkörpern, und nach immerhin 94 Opern, die ich geschrieben habe (– von denen bislang nur wenig mehr als die Hälfte identifiziert werden konnte, vorausgesetzt, es handelt sich bei dieser Zahl nicht um eine Übertreibung –), kann ich eine solche Widerwärtigkeit nicht ertragen*[228], klagt der Komponist in einem Brief an den Marchese Bentivoglio; wenn seine Rezitative nicht gefielen, so sei das einzig und allein die Schuld des Cembalisten Lorenzo Beretta. *Schon nach dem, was ich vorher erfahren hatte, hielt ich Beretta für unfähig, den ersten Cembalopart zu spielen, doch Signor Acciaioli versicherte mir, er sei ein solider Musiker und ehrenwerter Mann; in der Folge habe ich ihn freilich als einen frechen Ignoranten kennengelernt. Bereits bei den ersten Proben kam mir zu Ohren, er komme mit der Begleitung der Rezitative überhaupt nicht zurecht. Um sie dann seinem Können und seiner Bosheit anzupassen, hat er es gewagt, Hand an meine Rezitative zu legen, so daß sie einerseits durch sein Unvermögen, andererseits durch diese Veränderungen schlecht geworden sind. Tatsächlich sind es dieselben Rezitative wie in Ancona – wo Siroe im Vorjahr erfolgreich aufgeführt worden ist –, nicht eine Note ist anders, und Eure Exzellenz dürfte wissen, daß sie tausendfachen Beifall gefunden haben, besonders in bestimmten Szenen, die notabene nur aus Rezitativen bestanden. Als dieselben in Venedig anläßlich des Probe-*

↑

Il Canal Grande. Stich von Antonio Quadri (Ausschnitt: Ansicht des Teatro Sant' Angelo)

singens von Michielino, dem zweiten Tenor von Ferrara, gespielt wurden, gingen sie wunderbar, und wenn man bei Michielino wäre und sie von ihm hörte, dann würde man schon sehen, ob sie gut oder schlecht sind. In meinem Manuskript ist wirklich keine Note oder Generalbaßziffer gelöscht oder hinzugefügt worden, so daß jede Änderung nur das Werk jenes «soliden Musikers» sein kann. Exzellenz, ich bin verzweifelt und kann es nicht dulden, daß ein solcher Ignorant sein Glück macht, indem er meinen armen Namen vernichtet.[229]

Vivaldi wird vielleicht nicht ganz zu Unrecht dem Cembalisten *malignità* (Bosheit) unterstellt haben; die Ereignisse um die Opernaufführung in Ferrara, über die später noch ausführlich zu berichten sein wird, scheinen tatsächlich Teil einer umfangreichen Intrige gegen den «prete rosso» gewesen zu sein. Aber Intrigen gehörten nun einmal zur alltäglichen Praxis des damaligen Musiktheaters, und der mutwillige Boykott einer Aufführung war noch die harmloseste Form solcher Ränke, wie das folgende Beispiel zeigt.

Eine der beliebtesten Sängerinnen im Venedig des frühen 18. Jahrhunderts war «la Diamantina», die Mätresse des Satirikers Bartolomeo Dotti. Als aber Alessandro Scarlatti 1707 am Teatro San Giovanni Grisostomo zwei seiner Opern zur Aufführung brachte, ließ er eine auswärtige Primadonna engagieren und zog sich damit den unversöhnlichen Haß Dottis zu, der fortan wo und wann immer er konnte das Werk des Neapolitaners angriff und lächerlich zu machen versuchte. Am 7. November 1713 fiel Dotti schließlich einem Attentat zum Opfer, und wenig später kursierte ein anonymer Nachruf auf den

↑

Heutige Ansicht des ehemaligen Teatro Sant'Angelo

Erstochenen in Venedig: «Du hast die Arien Scarlattis besudelt und den gerechten Lohn dafür empfangen.»[230] Man hat nie erfahren, wer Dotti umbrachte oder umbringen ließ, und der Fall trug nicht gerade dazu bei, den ohnehin schlechten Ruf der Theaterwelt zu bessern, in die Vivaldi mit seinem *Ottone in villa* offiziell Aufnahme gefunden hatte.

Denn inoffiziell hatte er schon lange vor seinem Opern-Erstling Kontakte zu den venezianischen Bühnen unterhalten, vor allem zum Teatro Sant'Angelo am Canal Grande und zu dessen greisem Impresario Francesco Santurini, der 1674 den Grund von den Familien Marcello und Capello gepachtet hatte; durch den Architekten Fantorini ließ er dort das Theater errichten und eröffnete es am 2. Oktober 1676. Zwischen Santurini und Vivaldi ergab sich eine Art Symbiose: der Jüngere lernte vom Älteren das Metier und stellte seinerseits junge, unverbrauchte Stimmen zur Verfügung – seit etwa 1708 tauchen immer wieder die Namen einiger «privileggiate» des Ospedale della Pietà in den Besetzungslisten des Teatro Sant'Angelo auf. Bei seinen Bemühungen um eine wachsende Einflußnahme auf die Geschicke des Hauses fand Vivaldi auch in seinem Vater Giovanni Battista einen Helfer: er wechselte als Geiger vom Teatro San Giovanni Grisostomo an das von Sant'Angelo (ohne indes sein Amt in der Capella Ducale aufzugeben) und beteiligte sich auch finanziell an dem Unternehmen.[231]

Jedenfalls trat Vivaldi 1713 – er hatte wohl zunächst das Ergebnis der Premiere seines *Ottone* abwarten wollen – die Nachfolge Santurinis als Impresario an, blieb aber nach außen hin vorerst im Hintergrund; als der «prete rosso» im Herbst 1714 mit seiner zweiten Oper *Orlando finto pazzo* in Venedig, und natürlich an «seinem» Teatro Sant'Angelo, debütierte, war der nominelle Leiter des Hauses ein gewisser Modotto, während der Komponist nur in seiner Funktion als «Maestro de'concerti nel Pio Ospedale della Pietà» genannt wird.[232] Aber der Erfolg von Vicenza wollte sich nicht wiederholen: Vivaldis Oper stieß bereits bei den Proben auf Ablehnung, und der enttäuschte und verunsicherte Komponist sah sich gezwungen, mehrere Nummern neu zu schreiben. Wie tief ihn die Kritik traf, zeigt der handschriftliche Vermerk im Manuskript einer dieser Neufassungen: *Se q[ue]sta non piace non voglio più scrivere di Musica* – wenn das nicht gefällt, will ich keine Musik mehr schreiben.[233] Es gefiel offenbar nicht, denn schon bald nach der Premiere wurde Vivaldis *Orlando finto pazzo* gegen den *Orlando furioso* des Bolognesen Alberto Ristori ausgetauscht.[234]

Aber Vivaldi gab nicht auf. Natürlich komponierte er weiter, und gerade die mit jenem Stoßseufzer versehene Arie übernahm er in zwei spätere Opern[235], als wollte er aller Welt zeigen, daß seine Musik letztlich über die Kritik den Sieg davongetragen habe. Außerdem machte der Erfolg der kurz zuvor bei Roger in Amsterdam veröffentlichten zwölf Concerti Opus IV (*La Stravaganza*[236]) den Mißerfolg des *Orlando* wieder wett; der Titel ist für das Selbstverständnis des Komponisten sehr aufschlußreich: Vivaldi ist nicht einer von vielen, sondern der Meister des Außergewöhnlichen, Besonderen, Unerhörten, Elitären, «della Stravaganza».

Eine schwächere Persönlichkeit als Vivaldi hätte sich nach dem Durchfallen des *Orlando* wahrscheinlich – zumindest vorübergehend – vom Opernbetrieb zurückgezogen. Der «prete rosso» aber erklärt seinen Kritikern den Krieg: Anfang 1715 gibt er sein Incognito als Impresario des Teatro Sant'Angelo auf, wie ein Tagebucheintrag des Freiherrn von Uffenbach zeigt: «Der entrepreneur davon war der berühmte vivaldi»[237]; und zugleich setzt er das Pasticcio *Nerone fatto Cesare* auf das Programm, zu dem er selbst zwölf Arien beigesteuert hat. Überdies gelingt es ihm, für den *Nerone* überwiegend dieselben Vokalsolisten zu engagieren, die beim *Orlando* mitgewirkt und auf die Umarbeitung ihrer Partien gedrängt hatten, darunter die unter dem Beinamen «la Campioli» in Venedig berühmte und geschätzte Margherita Gualandi. Kein Zweifel: Vivaldi will die venezianische Bühne erobern, und es wird ihm auch gelingen.

Der nächste Schritt in diesem Feldzug ist – in der Karnevalssaison von 1716 – *La Costanza trionfante*; und wieder erweist sich Vivaldi als geschickter Diplomat: um sich nicht dem Vorwurf auszusetzen, nur das Sant' Angelo spiele seine Opern, erscheint *La Costanza* auf einer anderen Bühne, auf der des Teatro San Moisè. Was die Öffentlichkeit freilich nicht gewußt haben wird: Giovanni Orsatti, Impresario des San Moisè, war stiller Teilhaber Vivaldis am Sant'Angelo und hatte alles Interesse, die «höchste Bewunderung verdienende musikalische Kunst des Signor Don Antonio Vivaldi»[238] zu fördern.

In der Herbstsaison ließ der «prete rosso» der *Costanza* seine fünfte

Oper folgen, diesmal wieder am eigenen Haus: *Arsilda Regina di Ponto.* Wahrscheinlich war das Werk schon für 1715 vorgesehen gewesen und mußte wegen Zensurschwierigkeiten verschoben werden.[239] Die Partitur zeigt von zahlreichen Umarbeitungen, die Vivaldi und sein Librettist (wieder einmal Domenico Lalli, dessen Namen das Textheft allerdings verschweigt) auf Geheiß der Inquisition vornehmen mußten. Doch nicht genug der Schwierigkeiten: im selben Jahr 1716 mußte Vivaldi seine Position als Impresario gegen die Intrigen der Brüder Alberto und Filippo Mauri verteidigen, die als Leiter des Teatro San Giovanni Grisostomo dem immer mächtiger werdenden Konkurrenten das Leben schwermachten. Aber auch sie konnten es nicht verhindern, daß die *Arsilda* ein gewaltiger Erfolg wurde, nicht zuletzt wohl auch dank der Bühnenbildner Bernardo Canals, des Vaters jenes Malers, der als Canaletto untrennbar mit der Ikonographie Venedigs verbunden ist.

Das Jahr 1716 brachte nicht nur für den Impresario, sondern auch für den Instrumentalkomponisten Vivaldi eine Reihe von Erfolgen und Rückschlägen. Am 29. März verlor er vorübergehend seinen Posten an der Pietà, offiziell auf Grund finanzieller Probleme, insgeheim aber wohl auch, weil man seine Bemühungen um die Oper mit wachsendem Mißfallen verfolgte.[240] Doch schon zwei Monate später – am 24. Mai[241] – nimmt ihn das Ospedale wieder auf, sogar im Rang eines «Maestro di Concerti»; wie bereits 1709 werden es auch diesmal wohl vor allem die «ospealiere»

San Moisè. Stich von Luca Carlevarijs nach Alessandro Tremignon

gewesen sein, die auf die Wiedereinstellung ihres Lehrers drängten. Während dessen kümmerte sich in Amsterdam Estienne Roger, mittlerweile mit seiner Tochter Jeanne und dem Landsmann Michel Le Cène (der nach Rogers Tod den Verlag allein weiterführte) assoziiert, weiterhin eifrig und erfolgreich um die Interessen des «prete rosso»; allein drei Opera erschienen um 1716[242] und trugen mit dazu bei, Vivaldis Ruhm zu mehren. Ein ausgefülltes Jahr also, in dem der Komponist aber immerhin noch die Zeit fand, sich um seinen Schüler Pisendel zu kümmern. Es war wohl auch am Teatro Sant'Angelo, daß Pisendel «einsmals genöthigt wurde, bey einer Oper, zwischen den Acten, ein Violinconcert zu spielen»[243] – eine durchaus übliche Praxis im italienischen Musiktheater der Zeit, der auch Vivaldi selbst gelegentlich entsprach.

Der Finanzhaushalt eines Theaters gehörte zu den größten Sorgen eines Impresarios. Solche Sorgen mögen es auch gewesen sein, die Vivaldi veranlaßten, für seine nächste Oper (*L'Incoronazione di Dario*) auf ein

Mantua. Ältester Teil des Palazzo Ducale

Libretto Adriano Morsellis zurückzugreifen: der Dichter war bereits seit mehreren Jahren tot und konnte also keine Honorarforderung mehr erheben. (Ob die Wahl glücklich war, bleibt allerdings anzuzweifeln: in der gesamten Literatur wird Morsellis Text als der schlechteste bewertet, den Vivaldi je vertont hat.) Als dritte Oper der Karnevalssaison von 1717[244] gelangte *L'Incoronazione di Dario* am Sant'Angelo zur Aufführung; die Bühnenbilder waren von Bernardo Canal «und seinen Söhnen» – drei Jahre lang, bis 1719, hat Canaletto an Vivaldis Teatro Sant'Angelo als Bühnenbildner und Assistent seines Vaters gewirkt.[245]

Zweimal Sant'Angelo, dann – um das Gleichgewicht zu wahren – wieder San Moisè: im Herbst 1717 erlebt hier *Tieteberga* (nach einem Libretto Antonio Maria Luchinis) ihre Premiere. Und in derselben Saison läßt der «hochberühmte Signor Don Antonio Vivaldi»[246] am eigenen Theater ein weiteres Werk in Szene setzen, dessen Musik zu großen Teilen, wenn nicht sogar ganz von ihm stammt: *Il Vinto trionfante del Vincitore*. Zwei Opern innerhalb einer Spielzeit: die Eroberung der venezianischen Bühnen ist gelungen!

Es mag zunächst merkwürdig erscheinen, daß der auf allen musikalischen Schlachtfeldern erfolgreiche «prete rosso» gerade jetzt Venedig verläßt: gegen Ende des Jahres 1717 verschwindet sein Name aus den Kassenbüchern der Pietà, und unmittelbar darauf übersiedelt Vivaldi nach Mantua, um seinen Dienst als Kammerkapellmeister des Landgrafen Philipp von Hessen-Darmstadt anzutreten. War er Venedigs überdrüssig geworden, oder fürchtete er, die Venezianer könnten seiner überdrüssig werden? Vermutlich beides. Die internationalen Erfolge und Anerkennungen machten ihn zu einer gefragten Persönlichkeit, und die zahlreichen Kontakte zu gekrönten Häuptern und eminenten Vertretern des europäischen Adels werden so manches verlockende Angebot mit sich gebracht haben. Wenn er dem Ruf des seit 1714 in Mantua residierenden Landgrafen Philipp folgte, so mag eine machtpolitische Überlegung mit dabei im Spiel gewesen sein: einerseits war Mantua nahe genug an Venedig, um die dort erkämpfte Stellung unter Kontrolle zu halten, andererseits ließ sich das Wirkungsfeld von hier aus nach Süden hin ausdehnen, nach Florenz und womöglich Rom. Außerdem war der Dienstherr ausgesprochen liberal und nicht daran interessiert, Vivaldi in seinem Amt zu fesseln, und schließlich war der Titel eines *Maestro di Capella, di Camera di S.A.S. il Sig. Principe Filippo Langravio d'Assia Darmstat*[247] auch ein nicht zu verachtender Prestigegewinn.

Vivaldi selbst hat 1737, in einem der Briefe an Bentivoglio, erwähnt, er habe *in Mantua drei Jahre lang im Dienst des allerehrwürdigsten Fürsten von Darmstadt*[248] gestanden, ohne allerdings diesen Zeitraum genau zu bestimmen. Nach dem heutigen Stand der Forschung läßt sich der Aufenthalt in Mantua durch zwei Dokumente abgrenzen. Das eine ist das «faccio fede» (das Imprimatur der Zensurbehörde) für die Oper *Armida al campo d'Egitto* vom 12. Januar 1718, in dem Vivaldi erstmals als «al servizio di Mantova»[249] genannt ist; das andere ist ein Empfehlungsbrief des Landgrafen vom 3. März 1720: «Ich habe meinem Kammerkapellmeister Don Antonio Vivaldi die Erlaubnis erteilt, sich in seine Heimatstadt Venedig zu begeben, um dort einigen persönlichen Obliegenheiten nach-zugehen.»[250]

Vivaldis Dienstherr ließ seinem Kammerkapellmeister alle erdenkliche Freiheit. Kaum daß er sein neues Amt angetreten hatte, durfte er in Vene-dig die Premiere seiner *Armida* am San Moisè (Karneval 1718) vorberei-ten. Wenige Monate später – die neue Position trägt erste Früchte – geht die Oper am Teatro Arciducale von Mantua in Szene und «fand den ein-stimmigen Beifall der Solisten und des klangvollen Orchesters, so daß sie den ganzen Monat Mai über gegeben werden wird»[251]. Das für diese Auf-führung neugedruckte Libretto Giovanni Palazzis enthält, wie könnte es anders sein, eine Widmung an den Landgrafen Philipp.

Dieser wiederum empfahl «das einzigartige musikalische Können des hochberühmten Don Antonio Vivaldi»[252] in Florenz der Kurfürstin Anna Maria Luisa, einer Tochter Cosimos III de' Medici; so gelangt die nächste Oper (*Scanderbeg*) am 22. Juni 1718 am Teatro della Pergola von Florenz zur Uraufführung. *Teuzzone* – wiederum dem Landgrafen dediziert und (im Karneval 1719) am Mantuaner Teatro Arciducale erstmals in Szene gesetzt – ist das erste Dokument der Zusammenarbeit des «prete rosso» mit dem venezianischen Dichter Apostolo Zeno, dem neben Pietro Meta-stasio bedeutendsten italienischen Librettisten der Zeit. Für die Titelrolle des neuen Werkes ließ der Komponist eigens Margherita Gualandi aus Venedig kommen, die damals offenbar zu seinen bevorzugten Interpre-

Apostolo Zeno

tinnen gehörte. Wenige Jahre später sollte allerdings eine andere Sängerin als «prima donna assoluta» der Opern Vivaldis in das Licht der Öffentlichkeit treten, deren Verbindung zum «prete rosso» erstmals während
dessen Aufenthalt in Mantua nachweisbar ist und bis zu seinem Tode dau-
ern sollte: Anna Girò (Giraud).

Ihre Biographie liegt fast völlig im dunkeln, wenn es auch auf ihr Geburtsjahr zwei, zugegebenermaßen, recht unsichere Hinweise gibt. 1737,
als Vivaldi auf das heftigste wegen seiner Verbindung zu Anna Girò at-
tackiert wird, schreibt er an Bentivoglio: ... *seit nunmehr vierzehn Jahren
reisen wir zusammen durch sehr viele Städte Europas.*[253] Die Angabe ist
unzweifelhaft falsch, denn wenige Zeilen später erwähnt Vivaldi, er sei
mit ihr am Hof von Mantua gewesen, *wo sie von Seiner Durchlauchtigsten
Hoheit mit großem Wohlwollen aufgenommen wurden*[254], zu einer Zeit
also, die bereits wenigstens siebzehn Jahre zurückliegt. Nehmen wir an,
daß es sich bei der Zahl 14 um eine Freudsche Fehlleistung handelt (um
sich selbst und den Adressaten über die tatsächlichen Altersverhältnisse
und die Dauer der Beziehung zu täuschen), so ergeben sich erstaunliche
Deduktionen: 1719 – zur Zeit seines Aufenthalts in Mantua – war Vivaldi
41 Jahre alt, und 1737 – zur Zeit des Briefs an Bentivoglio – kann auch
Anna Girò 41 Jahre alt gewesen sein: wenn sie nämlich 1696 geboren
wurde; der Zahlentausch eins-vier anstatt vier-eins würde so eine durchaus plausible Erklärung finden.[255] Diese These wird durch ein weiteres
Dokument unterstützt: in einem Mietvertrag des Jahres 1745 wird die
Sängerin als «Donna Anna Girò, virtuosa di musica, anni 29»[256] erwähnt,
«29 Jahre alt»; auch diese Angabe ist unbedingt falsch, und es kann sich
nur um einen Schreibfehler handeln. Ersetzt man aber «29» durch «49»,
so ergibt sich wieder 1696 als Geburtsjahr der Girò!

Ihr Vater war jedenfalls ein französischer Perückenmacher in Mantua,
der später mit seiner Familie nach Venedig übersiedelte, wo Anna höchst-
wahrscheinlich als «ospealiere» an der Pietà Aufnahme fand und bald
schon zu den «privileggiate» gehörte.[257] Vivaldi hat sich wohl schon vor
1718 um die Ausbildung[258] dieser einen Schülerin besonders gekümmert,
und er nahm sie und ihre Schwester Paolina auch mit an den landgräfli-
chen Hof. Sein Verhältnis zu ihr hat er später als *amicizia*[259] bezeichnet –
eine «Freundschaft», die von vielen Zeitgenossen und Biographen als
«Verhältnis» interpretiert worden ist. Fest steht, daß Anna Girò seit 1718
zu dem kleinen weiblichen «Hofstaat» gehörte, der Vivaldi auf nahezu
allen Reisen begleitete: ... *diese Frauen sind mir sehr von Nutzen, da sie
alle meine Gebrechen kennen.*[260]

Ein Porträt der «Annina del prete rosso», wie sie allgemein genannt
wurde, hat sich zwar nicht erhalten, wohl aber der Bericht Carlo Goldonis, der 1735 mit Vivaldi und ihr zusammenkam: «Sie hatte keine schöne
Stimme und war keine große Musikerin, sah aber hübsch und einneh-
mend aus; eine niedliche Figur, schöne Augen, schönes Haar, ein reizen-
der Mund. Sie war eine gute Schauspielerin (damals eine Seltenheit) und
hatte einige Gönner: mehr bedarf es nicht, um zu dem Rang einer Primadonna aufzusteigen.»[261] Ob Goldonis Urteil über die stimmlichen Quali-

Vivaldi: Tito Manlio RV 738. «Musica Del Vivaldi fatta in 5 giorni»

täten der Girò gerechtfertigt war, sei dahingestellt: immerhin konnte sie
seit ihrem Debüt (1724 in Tomaso Albinonis «Laodice» am San Moisè)
stets große Erfolge verzeichnen, und Vivaldi hielt große Stücke auf sie,
denn eine solche Primadonna findet man nicht wieder[262].

Die Zeit in Mantua war in jeder Hinsicht fruchtbar. Die neuen Ein-
drücke, vor allem die liebliche Natur der lombardischen Landschaft stießen bei Vivaldi auf offene Sinne: Werke wie die «Vier Jahreszeiten» oder
die Concerti *Alla rustica, Il Gardellino* oder *La Caccia* konnten nur hier
entstehen, nie aber in dem verwinkelten Netz der Gassen, Plätze und
Kanäle Venedigs. Vivaldi war stets schnell mit seiner Feder gewesen und
durchaus in der Lage, «ein Concerto mit sämtlichen Stimmen schneller zu
komponieren, als ein Kopist es abschreiben könne»[263], in Mantua aber
steigerte sich sein Arbeitstempo, wie in einem Schaffensrausch, ins Un-
glaubliche: die Oper *Tito Manlio,* im Karneval 1719 – in derselben Saison
also wie *Teuzzone* – am Teatro Arciducale uraufgeführt, trägt den handschriftlichen Vermerk *Musik von Vivaldi komponiert in fünf Tagen*[264] –
fünf Tage für rund 370 Partiturseiten!!

Am 19. Januar 1720 starb in Wien die Kaiserin Eleonore Magdalena,
Witwe Leopolds I. und Mutter des Regenten Karl VI.; man ordnete für

alle dem Kaiser unterstellten Hofhaltungen Landestrauer an, also auch für Mantua: das Teatro Arciducale, wo kurz zuvor noch Vivaldis *La Candace* uraufgeführt worden war, mußte auf längere Zeit den Opernbetrieb einstellen. Damit war der landgräfliche Kammerkapellmeister zur Untätigkeit verurteilt und bat seinen Dienstherrn um Urlaub, der ihm auch mit dem schon erwähnten Dokument gewährt wurde, mit der Auflage allerdings, er habe «je nach Wunsch des Landgrafen seinen Amtspflichten wieder nachzukommen»[265]. Vivaldi kehrte also nach Venedig zurück.

Im September 1720 wird an der Pietà Don Antonio Vandini als «Maestro di Violoncello» angestellt[266]; in dem entsprechenden Dokument ist der Name einmal in «Vivaldi» geändert, und so hat die Forschung lange Zeit geglaubt, der «prete rosso» sei bald nach seiner Rückkehr von Mantua wieder zu seinen «ospealiere» gekommen. Ein weiterer Punkt, der für diese These zu sprechen schien, ist das Libretto der Oper *Aristide,* das sich mit den Namen der Autoren anagrammatische Spielereien erlaubt und «Antonio Vivaldi» in «Lotavio Vandini» verwandelt. Und doch ist «Vandini» weder ein Schreibfehler (die einmalige Änderung des mehrfach genannten Namens dürfte aus späterer Zeit stammen und auf einem Irrtum beruhen[267]) noch ein Phantom: tatsächlich war der Bologneser Antonio Vandini ein angesehener Cellist, der auch als Komponist hervorgetreten ist, und nicht Vivaldi, sondern er war es auch, den die Pietà – allerdings nur für fünf Monate – in ihre Dienste nahm. Der «prete rosso»

Vivaldi: La Verità in cimento RV 739

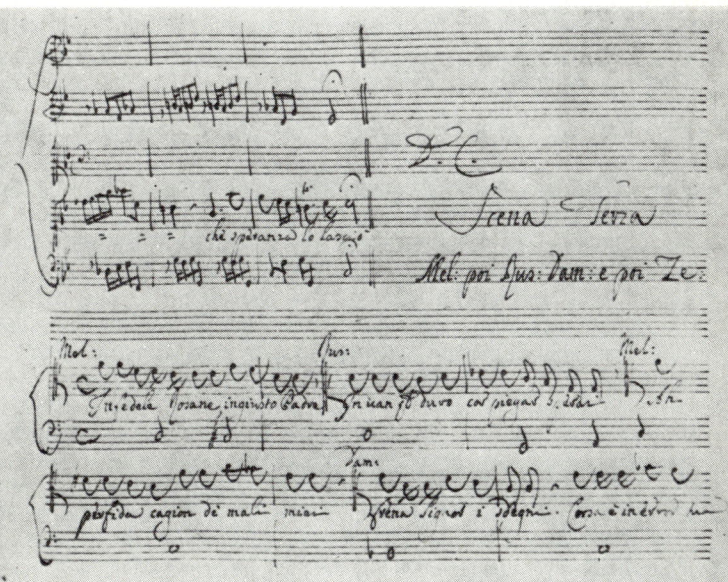

aber kehrte als Impresario an das Teatro Sant'Angelo zurück, wo ihn in seiner Abwesenheit vermutlich Orsatti vertreten hatte. Die Arbeit, die hier auf ihn wartete, wird es ihm wohl nicht erlaubt haben, in Vicenza der Aufführung seiner *Armida* (unter dem Titel *Gl'inganni per vendetta*) beizuwohnen, und auch die Aufführung eines *Tito Manlio*-Pasticcios (mit dem dritten Akt von Vivaldi) am römischen Teatro della Pace hat er kaum besuchen können. In der Herbstsaison ruft er sich den Venezianern durch die Premiere von *La Verità in cimento* in Erinnerung.

Vivaldi führte das Sant'Angelo ganz im Geiste Santurinis: autoritär und autonom. Schon Santurini hatte mit den Familien Marcello und Capello, den eigentlichen Hausherren, manchen Strauß ausgefochten und sich strikt jede Einmischung in seine Belange verbeten; er war sogar soweit gegangen, gegen ein Mitglied der Familie Marcello Klage zu führen, weil ein Logenabonnement nicht bezahlt worden war, und das, als sein auf nur sieben Jahre (von 1676 an) befristeter Pachtvertrag längst abgelaufen war. Kein Wunder also, daß die beiden Patrizierfamilien mit größtem Unmut das Treiben an «ihrem» Theater verfolgten, dessen Pacht 1710 immerhin bis auf weiteres verlängert worden war. Ihr Haß auf Santurini übertrug sich auf den neuen Impresario Vivaldi, der ihn im Dezember 1720 sehr empfindlich zu spüren bekam.

Es ist der Erscheinungsmonat einer kleinen Schrift: «Il Teatro alla moda oder sichere und leichte Methode italienische Opern in moderner Art gut zu komponieren und aufzuführen. Darin sind nützliche und nötige Anweisungen gegeben für Dichter, Komponisten, Sänger des einen wie des anderen Geschlechts, Impresarii, Musiker, Bühnentechniker und Bühnenbildner, komische Rollen, Schneider, Pagen, Komparsen, Souffleure, Kopisten, Mäzene und Mütter der Sängerinnen, sowie weitere zum Theater gehörige Personen. Gewidmet vom Autor des Buches dem Komponisten desselben. Gedruckt bei Borghi di Belisania durch Aldiviva Licante; erhältlich beim Firmenschild des Bären in der Barke, in der Korallenstraße am Tor des Palazzo d'Orlando. Wird jedes Jahr mit Ergänzungen neu aufgelegt»[268]. Der Autor war zwar ungenannt, doch alle Welt wußte, auf wessen Konto diese auf Vivaldi und das Sant'Angelo gemünzte Satire ging: Benedetto Marcello. Aristokrat, Dichter, Komponist, Jurist – und Sohn des Agostino Marcello und der Paolina Capello. Und damit ist auch der Hintergrund dieses Opusculums erklärt.

Titel und Titelbild enthalten unverhohlene Anspielungen auf die «dramatis personae»: Aldiviva = A. Vivaldi (ein kleiner, Geige spielender Engel mit Priesterhut im Heck der Barke); Orso = Orsatti, Impresario des Teatro San Moisè und zeitweise des Sant'Angelo (ein Bär mit Mantel und Allongeperücke am Bug, eine Fahne – die sich auf den Eintrittsbilletten des San Moisè wiederfindet – über der Schulter, der auf Mehlsäcken und vor einem Weinfaß steht; in einer sechs Jahre späteren veränderten Neuauflage der Schrift unter dem Titel «Li diavoli in maschera» wurde die hier nur bildliche Anspielung deutlich ausgesprochen: Orsatti und Vivaldi sollen Zuwendungen dazu benutzt haben, sich mit Wein und Delikatessen einzudecken, während die Künstler oft lange auf ihre Gagen war-

68

I L
TEATRO
ALLA MODA

O S I A

METODO ficuro, e facile per ben comporre, ed efequire
l'OPERE Italiane in Mufica all'ufo moderno.

Nel quale

Si danno Avvertimenti utili, e neceffarja Poeti, Compo-
fitori di Mufica, Mufici dell'uno, e dell'altro feffo,
Impreffarj, Suonatori, Ingegneri, e Pittori di Sce-
ne, Parti buffe, Sarti, Paggi, Comparfe, Suggeri-
tori, Copifti, Protettori, e Madri di Virtuofe, ed
altre Perfone appartenenti al Teatro.

D E D I C A T O

DALL' AUTORE DEL LIBRO
AL COMPOSITORE DI ESSO.

Stampato ne' BORGHI di BELISANIA per ALDIVI-
VA LICANTE; all'Infegna dell'Orfo in PEATA.
Si vende nella STRADA del CORALLO alla
PORTA del Palazzo d ORLANDO.
E fi riftamperà ogn'anno con nuova aggiunta.

«Il Teatro alla moda». Titelblatt

Benedetto Marcello.
Stich von V. Roscioni

ten mußten); die Barke mit dem Ruderer = das Teatro Sant'Angelo und sein zeitweiser Impresario Modotto, ein ehemaliger Bootseigner, und so fort.[269]

Die Pfeilspitzen der Satire treffen sämtlich ins Schwarze; Benedetto Marcellos überzeichnete Beschreibung des venezianischen Opernbetriebs am Beispiel des Teatro Sant'Angelo deckt sich mit zahlreichen zeitgenössischen Quellen, und vieles findet sich durch das Studium der Libretti und Partituren bestätigt.

«Der moderne Dichter wird gegen Ende der Oper eine großartige und in ihrer Art ungewöhnliche Szene einflechten, damit das Publikum nicht schon während der Vorstellung das Theater verläßt, und den Abschluß wird der unvermeidliche Huldigungschor an die Sonne, den Mond oder den Impresario bilden ... Für den modernen Komponisten ist es von Vorteil, wenn er während langer Jahre als Geiger oder Bratscher tätig war. Er wird sich wohl davor hüten, das Libretto der Oper ganz zu lesen, liefe er doch Gefahr, sich nicht durchzufinden; statt dessen wird er Vers für Vers in Musik setzen. Weiter wird er darauf achten, daß die Arien bis zum Schluß abwechselnd fröhlich und traurig sind, ohne irgendwelche Rücksicht auf den Text, die Stimmung oder das szenische Geschehen zu nehmen ... Wenn der moderne Sänger sich mit einer anderen Person auf der Bühne befindet, die sich an ihn wendet oder eine Arie singt, so wird er die Dominos in den Logen grüßen, den Musikern oder Statisten zulächeln, kurz: alles tun, damit das Publikum versteht, daß es sich hier um Herrn Alipio Forconi, den Kastraten, handelt, und nicht etwa um den Fürsten Zoroaster, den er darzustellen hat ... Die moderne Sängerin muß unbedingt vor ihrem dreizehnten Lebensjahr am Theater debütieren, wenn sie noch kaum lesen kann, da dies für die Sängerinnen von heute überflüssig ist. Auf der Bühne muß sie so oft wie möglich bald den rechten, bald den linken Arm heben und ihren Fächer ständig von der einen Hand in die andere nehmen. Während der Ritornelle wird sie mit ihrem Partner sprechen können, lachen, oder ihn auf die Dominos in den Logen aufmerksam machen ... Der zweite Cembalist wird nur zur Generalprobe erscheinen und sich sonst vom dritten Cembalisten vertreten lassen, der meistens nur den Sopranschlüssel lesen kann, sich um die Generalbaßbezifferung nicht kümmert, ausschließlich in Sexten begleitet und dem Dirigenten nicht folgt.»[270]

Wohlgemerkt: dies ist nichts anderes als die amüsante Bestandsaufnahme stadtbekannter Zustände, und Marcellos «Teatro alla moda» wird Vivaldi nicht im geringsten geschadet haben, ebensowenig wie die «Diavoli in maschera» von 1726. Eher im Gegenteil: es ist fast eine Ehrenbe-

Palazzetto in fondamenta Marcello

Papst Benedikt XIII.

zeigung, daß ausgerechnet er und sein Teatro Sant'Angelo Zielscheibe
dieser Spottschriften waren, beweist es doch, welch hohen Rang er als
Opernkomponist und Impresario einnahm.

In den Jahren bis 1725 folgt Oper auf Oper: im Karneval 1721 *Filippo
Re di Macedonia* am Sant'Angelo, ein «äußerst bemerkenswertes»[271]
Werk; am 26. August desselben Jahres *La Silvia* am Teatro Nuovo Ducale
von Mailand (zur Feier des Geburtstags der spanischen Königin Elisabeth); im Januar 1723 *Ercole sul Termodonte* am Teatro Capranica zu
Rom, wo auch die Karikatur Pier Leone Ghezzis entsteht; im Karneval
des folgenden Jahres *Giustino* am selben Haus. Vivaldi hat in seinen Briefen an den Marchese Bentivoglio erwähnt, er sei *drei Karnevalsspielzeiten
in Rom gewesen, um Opern aufzuführen, und ich habe im Theater Violine
gespielt, und selbst Seine Heiligkeit hat mich hören wollen*[272]. Es dürfte
sich dabei um Papst Benedikt XIII. gehandelt haben, der 1724 inthronisiert worden war; in diesem Jahr ging in Rom außer *Giustino* auch *La
virtù trionfante dell'amore e dell'odio overo Il Tigrane* in Szene, ein Pasticcio, das der Herzogin von Guadagnolo gewidmet wurde, einer nahen Verwandten des Papstes. Auch nach Rom ist Vivaldi sicherlich nicht allein
gefahren: ... *meine Reisen haben mir immer große Kosten verursacht, da*

ich sie stets in Begleitung von vier oder fünf Personen unternehmen mußte, die mir helfen.[273] Zwei dieser Personen sind uns bekannt: Anna Girò und ihre Schwester Paolina.

Durch seine Opern-Ambitionen drohte Vivaldi mehr und mehr, der Pietà ganz zu entgleiten. Zweierlei war deutlich geworden: der hohe Rang, den das Ospedale im venezianischen Musikleben einnahm, verdankte es ausschließlich dem «prete rosso», und es war schlechterdings unmöglich, eine so renommierte Persönlichkeit ausschließlich an das Institut zu binden. So faßte der Rat am 2. Juli 1723 einen wichtigen Entschluß: «Um das Orchester in dem Ansehen zu bewahren, das es bis heute gewonnen hat, muß man es mit Instrumentalkonzerten versorgen, und man einigt sich darauf, weiterhin wie üblich zwei solche Konzerte im Monat zu haben aus der wohlbekannten Tätigkeit des allerehrwürdigsten Don Antonio Vivaldi, so wie auch zwei für die jeweiligen Feste unserer

Protokoll der Sitzung vom 2. Juli 1723. Venedig, Archivio di Stato

Kirche komponiert werden. Wir geben also hiermit unseren Herren Verwaltern die Vollmacht, mit dem erwähnten Vivaldi eine Abmachung zu treffen sowohl für die Zeit, da er sich in der Stadt aufhält, als auch für die Zeit seiner Abwesenheit, daß er die zwei Konzerte, die zu liefern er sich verpflichtet, mittels eines Boten und auf unsere Kosten zusenden wolle. Mit der Auflage allerdings, daß der erwähnte Vivaldi, wenn er sich in Venedig befindet, wenigstens drei- oder viermal pro Konzert die Mädchen darin unterrichtet, wie diese gut auszuführen sind.»[274]

Vivaldi wurde also mit neun Ja-Stimmen gegen eine Enthaltung zum externen «Maestro di Concerti» ernannt und genoß damit die größtmögliche Freiheit, um weiter seiner Karriere als Opernkomponist zu folgen, und das nicht nur in Venedig.

Die Opern und weltlichen Vokalwerke

Das Doppelleben Vivaldis als Maestro der Pietà einerseits und Impresario des Teatro Sant'Angelo andererseits mußte zu Konflikten führen: auch er konnte nicht «Diener zweier Herren» sein. Oper und Instrumentalmusik: «Diese beiden Gattungen sind so verschieden voneinander, daß das, was der einen entspricht, nicht auch der anderen entsprechen kann. Jeder muß es eben verstehen, sich in seinem Talent zu beschränken. Man hat mich gebeten, für die venezianischen Bühnen zu arbeiten, aber ich habe es nie gewollt, weil ich genau weiß, daß eine Kehle nicht dasselbe ist wie ein Griffbrett. Vivaldi, der sich in beiden Gattungen hervortun wollte, wurde in der einen stets ausgepfiffen, während er in der anderen sehr erfolgreich war.»[275] Giuseppe Tartini mag als Konkurrent des «prete rosso» nicht unbedingt objektiv in seinem Urteil gewesen sein, aber auch andere zeitgenössische Quellen weisen in dieselbe Richtung; sogar Quantz, der doch Vivaldi bis zur Nachahmung bewunderte, schreibt: «Zuletzt aber verfiel er, durch allzuvieles und tägliches Componieren, und besonders da er anfieng, theatralische Singmusiken zu verfertigen, in eine Leichtsinnigkeit und Frechheit, sowohl im Setzen, als Spielen: weswegen auch seine letzten Concerte nicht mehr so viel Beyfall verdieneten, als die erstern.»[276] Und schließlich Goldoni, der doch immerhin mit Vivaldi zusammen arbeitete und sich dennoch nicht scheute, ihn einen «mittelmäßigen Komponisten»[277] zu nennen.

Legen wir diese kritischen Urteile in die eine Waagschale, so fallen für die andere genügend gegenteilige Meinungen und Tatsachen ins Gewicht: hätte Vivaldi, wäre er wirklich «stets ausgepfiffen» worden, so viele «scritture» (Opernaufträge) bekommen? Wäre er in Venedig zwischen etwa 1714 und 1720 der meistgespielte Opernkomponist gewesen, noch vor Antonio Lotti und Francesco Gasparini? Wie kann ein erfolgloser Komponist mit einem seiner Bühnenwerke sogar das römische Musikleben so stark beeinflussen, wie es dem «prete rosso» nach einem Bericht von Quantz offenbar gelang: «Das neueste, was mir zu Ohren kam, war, der mir noch ganz unbekannte sogenannte Lombardische Geschmack, welchen kurz vorher Vivaldi durch eine seiner Opern in Rom eingeführet, und die Einwohner dergestalt dadurch eingenommen hatte, daß sie fast nichts hören mochten, was diesem Geschmacke nicht ähnlich war. Indessen kostete es mir doch Anfangs Mühe, daran Gefallen zu finden, und mich daran zu gewöhnen; bis ich endlich auch für rathsam hielt, die Mode mitzumachen.»[278] Wohlgemerkt eine Mode, der sich Vivaldi nicht etwa angeschlossen, sondern die er selbst kreiert hatte! Auch nach 1725 scheint Vivaldis Erfolg als Opernkomponist angehalten zu haben, wie ein Brief des Abbé Conti an Madame de Caylus vom 23. März 1727 beweist: «Vivaldi hat in weniger als drei Monaten drei Opern herausgebracht, zwei für Venedig und die dritte für Florenz; diese letzte hat das Theater der Stadt wieder aufgerichtet und ihm viel Geld eingebracht.»[279]

Wenn Vivaldis Opern tatsächlich auf unterschiedliche Resonanz stießen, so war dies wohl vor allem eine Frage des Geschmacks. Die noch relativ junge Gattung der Oper hatte Anfang des 18. Jahrhunderts bereits zwei grundsätzlich voneinander verschiedene Richtungen eingeschlagen: die französische Tragédie lyrique und die italienische Opera seria. Über formale und nationale Eigenheiten hinaus war es vor allem das Publikum (dem zu gefallen die Autoren hier wie dort bemüht waren), das diese beiden Richtungen trennte. In Frankreich war die Oper ausschließlich für den Hof und den Adel bestimmt, während sie in Italien seit frühester Zeit auch dem Volk erreichbar war. Eine Konsequenz dieses Unterschieds zeigt sich beispielsweise im «Affektgehalt» der Arien: «Die italienischen Arien sind ungewöhnlicher und kühner als die französischen; die Stimmungen sind in ihnen viel stärker gezeichnet, seien sie zärtlich, lebhaft oder anderer Art. Manchmal fließen bei den Italienern sogar Stimmungen zusammen, die den Franzosen ganz unvereinbar scheinen.»[280] Anders gesagt: die Tragédie lyrique als erbauende Allegorie, die Opera seria als unterhaltendes Spektakel. Und da sich der Unterhaltungswert einer neuen Oper rasch erschöpfte, mußten die Komponisten Scrittura auf Scrittura erfüllen – kein Wunder, daß es mit der Sorgfalt, die auf Komposition und Darbietung eines Werkes verwandt wurde, oft nicht gerade zum besten stand.

Für die Haltung des italienischen Opernpublikums war ein ähnliches Gefühl der Übersättigung ausschlaggebend, wie man es im Frankreich des 19. Jahrhunderts unter dem Begriff «ennui» findet. «Die Musik ist in Italien eine allzu gewöhnliche Sache; die Italiener singen schon in der Wiege, singen jeden Tag und überall; für sie ist ein natürlicher und einförmiger Gesang eine allzu simple Angelegenheit, sie haben zuviel davon gehört, das Natürliche hat sich abgenutzt: um ihren an einfachen und bekannten Gesängen übersättigten Geschmack zu reizen bedarf es ständiger Modulationen und gewagter, höchst bizarrer und unnatürlicher Passagen.»[281]

«Bizarr und unnatürlich» mag dem römischen Publikum zunächst auch jener «lombardische Geschmack» vorgekommen sein, den Quantz erwähnt; Gerber verdanken wir eine Definition dieses Stils, der sich ansatzweise schon in *Ottone in villa* beobachten läßt: «Das besondere dieses Geschmacks besteht einzig und allein in den verschobenen Accenten, oder dem sogenannten ‹Tempo rubato›, dessen sich die Violinisten jetzt häufig bedienen. Wenn man z. B. das Wort ‹Leben› also singen läßt, daß zwar die Sylbe ‹le› auf den Niederschlag kommt, aber eine kurze Note erhält; und hingegen die Sylbe ‹ben›, eine lange Note, aber im Aufschlage.» [282] Vor allem in den Concerti der Dresdner Sammlung [283] läßt sich dieser Effekt der Synkopierung häufig feststellen, den Vivaldi vermutlich von der Violine auf den Gesang übertragen hat.

Wenn man davon ausgeht, daß Vivaldis Angabe, er habe 94 Opern geschrieben, richtig ist (oder hat er, wie einige Autoren vermuten, jede Neuinszenierung mitgerechnet? Oder meinte er alle Opern – auch die anderer Komponisten – am Sant'Angelo unter seiner Ägide?), so muß die Hälfte dieses Repertoires als verschollen gelten. Nach dem heutigen Stand der Forschung [284] sind 47 Opern Vivaldis nachweisbar, von denen allerdings nur 22 auch in Partitur überliefert sind; von diesen wiederum sind 16 ausschließlich von Vivaldis Hand, während sechs Werke Pasticci darstellen, an denen der «prete rosso» nur partiell beteiligt war. Die nachweisbaren Opern sind in dem Zeitraum von 27 Jahren entstanden, zwischen 1713 (*Ottone in villa*) und 1739 (*Feraspe*). So oder so kann man davon ausgehen, daß dieser Bestand nur einen Teil des Opernschaffens Vivaldis erfaßt, zumal bereits heute eine ganze Reihe apokrypher Werke bekannt ist, zu denen Vivaldi ganz oder teilweise die Musik komponiert haben könnte. [285]

Die übliche Gattungsbezeichnung der Opern Vivaldis ist «Dram(m)a per musica»; Ausnahmen bilden *Aristide* («Drama eroicomico»), *La bottega da caffè* («Intermezzo»), *Dorilla in tempe* («Melodramma Eroico Pastorale») und *La Silvia* («Drama pastorale»). Bis auf drei Werke [286] sind die Opern dreiaktig und folgen dem klassischen Schema von Handlungsexposition, Konfliktzuspitzung und Konfliktlösung. Die Themen sind meist historisch-mythischer Natur und umkreisen ein standardisiertes Affekt-Repertoire: Liebe und Haß, Rache und Verzeihung oder Hoffnung und Verzweiflung und so fort. Der abstrakte Affekt ist dabei wichtiger als die Person des Affektträgers: weder die Libretti noch die Musik zeigen eine ausgeprägte Zeichnung der Charaktere, wie sie erst seit Christoph Willibald Gluck zur Regel wurde. Die Fäden der Handlung sind eng miteinander verknüpft und entbehren oft einer realistischen Logik; Zufall und Schicksal greifen immer wieder in das Geschehen ein, bis hin zur glücklichen Lösung des Konflikts durch höhere Gewalt, durch den «Deus ex machina» – die Katharsis der antiken Tragödie bleibt aus.

Für jede neue Oper lag dem Publikum das gedruckte Libretto vor, dem meist ein «argomento» vorangestellt war, eine kurze Einführung des Dichters in Hintergrund und Ablauf der Handlung. Als exemplarisch sei das «argomento» Antonio Maria Luchinis zur *Tieteberga* (1717) zitiert:

«Lotario, der junge König von Austrasien (auch Loteringia genannt), will seine Gemahlin, die Königin Tieteberga verstoßen, um seine Freundin Valdrada zu heiraten. Unter dem Vorwand, Tieteberga habe ein inzestuöses Verhältnis mit ihrem eigenen Bruder eingestanden, will er die Verstoßung durchsetzen. An dieser Intrige der Verleumdung war vor allem ein sehr mächtiger Vasall des Königs beteiligt, dem Lotario versprochen hat, er werde nach der Verstoßung eine seiner Nichten heiraten (die in dem Drama als seine Tochter unter dem Namen Clotilde auftritt); nachdem er aber Tieteberga verstoßen hat, bricht er sein Versprechen und nimmt seine Valdrada zur Frau. Diese vom Autor entdeckte und in aller Ausführlichkeit erzählte Geschichte dient dem vorliegenden Drama als Grundlage der Intrige und ihrer Lösung, die anders verläuft als in der Historie geschehen, so daß das Schauspiel ein ehrsames und fröhliches Ende findet.»[287] Anderenfalls hätte die Zensurbehörde auch kaum ihr «faccio fede» erteilt! Die Handlung der *Tieteberga* ist für die italienische Oper des 17. und 18. Jahrhunderts durchaus typisch, wie ein Vergleich mit Claudio Monteverdis «L'Incoronazione di Poppea» zeigt.

Dem eigentlichen Bühnengeschehen geht als Ouvertüre eine dreisätzige «Sinfonia avanti l'opera» voraus, die allerdings weder musikalisch noch psychologisch auf die Handlung vorbereitet. In seinen Opern hat sich Vivaldi durchweg für die von Scarlatti geprägte Form der neapolitanischen Ouvertüre entschieden (schnell – langsam – schnell), während etwa die französische Oper die venezianische Form (langsam – schnell – langsam) bevorzugte, wie sie Francesco Cavalli gepflegt hat. «Die Besonderheiten ihrer [der Italiener] Sinfonien gegenüber unseren französischen sind dieselben wie die ihrer ganzen Musik: in unseren Opern ist sie oft sehr trocken und sehr langweilig; bei den Italienern dagegen ist sie stets abgerundet, voll der klangreichsten Akkorde und ganz ohne Unebenheiten.»[288] Vivaldi hat für seine Ouvertüren immer wieder auf Sinfonien und Concerti zurückgegriffen; so findet sich das erste Tutti des Concertos *La primavera* im dritten Satz der Sinfonia zu *Dorilla in tempe* wieder, und auf der Partitur eines Concertos für Streicher in e-moll[289] hat der Komponist den Vermerk *Sinf[a]* nachgetragen, ohne daß man wüßte, für welche Oper dieses Werk als Ouvertüre diente. Außerdem hat der «prete rosso» (ähnlich wie später Gioacchino Rossini) manche seiner Ouvertüren mehrfach verwendet: *Armida* und *Ercole, Arsilda* und *Il Teuzzone* haben jeweils dieselbe Sinfonia, bei denen zu *Dorilla* und *Farnace* sind die beiden ersten Sätze identisch. Für eine ganze Reihe von Opern sind zwar keine Ouvertüren nachweisbar, doch ihrer Aufführung wurde ohne Zweifel eine Sinfonia vorangestellt.

Die Persönlichkeit eines Komponisten zeigte sich wie gesagt weniger in den Arien, Ensembles und Chören, die letztlich austauschbar waren (und ausgetauscht wurden), sondern in den Rezitativen. Bei den Italienern «gibt es fast keine Ausweichung oder Modulation in diesem sogenannten Gesang; dagegen ist es bewundernswert, wie großartig die Begleitung dieser Psalmodie gestaltet ist; denn ihr kompositorisches Genie ist so herrlich, daß sie reizvolle Akkorde selbst da zu finden verstehen, wo eine Person einfach spricht ohne zu singen, so wie man es noch nie gesehen hat und in keinem anderen Land der Welt sehen könnte»[290]. Aus dem Brief an Bentivoglio wissen wir, wie großen Wert Vivaldi auf seine Rezitative legte, und so erscheint in manchen Opern das Verhältnis zwischen Rezitativen und Arien geradezu unproportioniert, etwa in der *Griselda,* die

mit einer schier endlosen Kette von Rezitativen beginnt. Eine Auflocke-
rung der Textur erreichte der Komponist durch den Wechsel von Cembalo-
begleitetem Secco und Ensemble-begleitetem Accompagnato, und auch in
seinem Mut zu Modulationen gerade in den Rezitativen erweist sich Vivaldi als eher untypischer Repräsentant des italienischen Opernstils.

Fast alle Arien Vivaldis folgen der Dacapo-Form, die in der ersten
Hälfte des 18. Jahrhunderts ihre Blütezeit erlebte. Je nach ihrem Affekt
ändert sich ihr Charakter, während die Form – von geringfügigen Abweichungen abgesehen – stets demselben Grundmodell folgt:

I 1 Orchesterritornell
  2 Erster Hauptteil
  3 Kadenz des ersten Hauptteils, improvisiert
  4 Orchesterritornell (= I 1)
II 1 Zweiter Hauptteil
  2 Kadenz des zweiten Hauptteils, improvisiert
  3 Orchesterritornell (= I 1) und Überleitung zum Dacapo
III 1 Dacapo (= I 2 mit – oft improvisierten – Verzierungen)
  2 Schlußkadenz.[291]

Ähnlich wie in seinen Concerti für Violine hat Vivaldi auch in seinen
Arien oft eine stenographische Notation verwendet, die dem Interpreten
hinsichtlich möglicher Verzierungen große Freiheiten läßt. Genau vorgeschrieben sind dagegen die instrumentalen Mittel, die an Farbigkeit den
Instrumentalwerken des «prete rosso» in nichts nachstehen. Ein besonders eindrucksvolles Beispiel ist die Arie *Nell'intimo del petto quel dolce*
aus *Farnace* mit ihrer ostinaten Verwendung von zwei Corni da caccia; die
Partitur gibt an: ... *dieser Orgelpunkt des Horns darf an keiner Stelle fehlen; es müssen also zwei Hörner unisono und stets piano spielen, damit das
eine dem anderen ermöglicht Atem zu holen.*[292] Während hier die spezifi-
sche Färbung im akustischen Hintergrund bleibt, finden sich andernorts
regelrechte konzertante Elemente, etwa in *L'Incoronazione di Dario*: das
Rezitativ *Il for mio celar non posso* und die nachfolgende Arie hat Vivaldi
in der Partitur als *Cantata in Scena con Viola all'Inglese*[293] bezeichnet, und
die Schlußkadenz enthält den ausdrücklichen Hinweis *con Viola all'Inglese*.

Die oft erstaunliche Virtuosität solcher Passagen (aber auch der Tutti-
Ritornelle) beweist, daß die Orchester, mit denen Vivaldi zu tun hatte,
den zeitüblichen Standard bei weitem übertrafen. «Man braucht ganz Paris, um ein gutes Orchester zusammenzustellen, ein zweites wie das der
Opéra ließe sich nicht finden; in Rom, wo nicht einmal ein Zehntel der
Pariser Bevölkerung lebt, fände man genug, um sieben oder acht Orchester zu formieren, mit gleichermaßen guten Cembali, Streichern und Theorben. Was aber vor allem die italienischen Orchester den französischen
überlegen sein läßt, ist, daß auch die größten Meister sich nicht weigern,
in ihnen zu spielen. Ich habe in Rom in derselben Opernaufführung Corelli, Pasquini und Gaetani gesehen, die immerhin die besten Künstler auf
der Welt für Violine, Cembalo und Theorbe sind.»[294] Auch Vivaldi hat,

13

GRISELDA

DRAMA PER MUSICA

DA RAPPRESENTARSI

NEL TEATRO

GRIMANI

DI S. SAMUEL

Nella Fiera dell' Afcenffione
l' Anno 1735.

DEDICATO

A SUA ECCELLENZA

IL SIG. D. FEDERIGO VALIGNANJ

Marchefe di Cepagatti

IN VENEZIA MDCCXXXV.

Appreffo Marino Roffetti.

CON LICENZA DE' SUPERIORI.

Vivaldi: Griselda RV 718.
Titelblatt des Librettos

wie wir aus seinen Briefen an Bentivoglio wissen, bei den Aufführungen seiner Opern mitgewirkt, zumindest bei Premieren: ... *ich spiele niemals im Orchester, außer am ersten Abend, weil es mir nicht würdig scheint, den Beruf eines Orchestermusikers auszuüben.*[295] Bei anderen Gelegenheiten ließ er sich von Strohmännern vertreten, war jedoch stets sorgsam darauf bedacht, sämtliche Fäden der Aufführung in der Hand zu halten, nicht zuletzt wohl auch aus Angst vor materiellen Verlusten: ... *auf meinen Schultern lasten Vertragsverbindlichkeiten in der Höhe von 6000 Dukaten für diese Oper, und derzeit habe ich mehr als 100 Zecchinen vorgestreckt. Ich kann die Oper nicht in meiner Abwesenheit machen, da ich mich bei einem so großen finanziellen Risiko niemand anderem anvertrauen kann.*[296] Und Vivaldi war fest davon überzeugt, daß das Debakel von Ferrara nicht geschehen wäre, hätte ihn Kardinal Ruffo den Vorbereitungen beiwohnen lassen – doch davon später.

Als 1735 das venezianische Teatro di San Samuele Vivaldi die Scrittura zu der Oper *Griselda* erteilte, erhielt der junge Carlo Goldoni den Auftrag, das bereits einige Jahre alte Libretto Apostolo Zenos zu überarbeiten. Das gab den Anlaß zu jener denkwürdigen Begegnung des «prete rosso» mit dem Dichter, die dieser überaus lebendig in seinen Lebenserinnerungen festgehalten hat; man sollte freilich dieses Dokument mit Vorsicht bewerten, denn Goldoni hegte gegen Vivaldi einen heimlichen Groll, der ihm die Feder geführt haben mag.

79

*Carlo Goldoni.
Gemälde von Alessandro Longhi*

«Ich fand ihn inmitten von Noten, mit dem Brevier in der Hand. Er steht auf, macht umständlich das Kreuzzeichen, legt das Brevier zur Seite und begrüßt mich mit den üblichen Komplimenten: *Was verschafft mir das Vergnügen, Sie zu sehen, mein Herr?* – ‹Seine Exzellenz Grimani hat mich beauftragt, die Änderungen durchzuführen, die sie bei der Oper für die nächste Saison für erforderlich halten. Ich komme, um Sie nach Ihren Wünschen zu fragen.› – *Ach so, Sie, mein Herr, sollen die Änderungen in der Griselda vornehmen? Hat Herr Lalli denn nichts mehr mit den Stücken zu tun, die Grimani herausbringt?* – ‹Herr Lalli ist sehr alt, und er wird nach wie vor von den Widmungen und dem Verkauf der Libretti profitieren, worum ich mich nicht kümmere. Ich dagegen werde das Vergnügen haben, mich mit einer Aufgabe zu befassen, die mich unbedingt reizt, und ich habe die Ehre, auf Ihre Anweisungen hin damit zu beginnen.› (Der Priester nimmt sein Brevier wieder auf, macht noch ein Kreuzzeichen und hüllt sich in Schweigen.) – ‹Mein Herr›, sage ich zu ihm, ‹ich wollte Sie nicht von Ihren geistlichen Pflichten abhalten; ich komme ein anderes Mal wieder.› – *Ich weiß wohl, mein Lieber, daß Sie für die Poesie begabt sind; ich habe Ihren ‹Belisar› gesehen, der mir gut gefallen hat, aber das ist ganz etwas anderes. Man kann eine Tragödie schreiben, ein episches Ge-dicht, wenn Sie wollen, und dennoch unfähig sein, einen musikalischen Vierzeiler zustande zu bringen. –* ‹Machen Sie mir das Vergnügen, mich Ihr Drama sehen zu lassen.› *– Nun gut, von mir aus; wo ist denn Griselda geblieben? Hier hat sie gelegen ... Deus in adjutorium meum intende. Do-mine ... Domine ... Domine ... Gerade war sie noch da! Domine ad adjuvandum ... Ah! da ist sie ja! Sehen Sie, mein Herr, diese Szene zwi-schen Gualtiero und Griselda; eine interessante, rührende Szene. An ihr Ende hat der Autor eine pathetische Arie gesetzt, aber Signorina Girò mag den schmachtenden Gesang nicht; sie möchte ein Stück voller Ausdruck und Lebhaftigkeit, eine Arie, die die Leidenschaft auf andere Art aus-drückt, durch stockende Worte zum Beispiel, durch Stoßseufzer, durch Handlung und Bewegung; ich weiß nicht, ob Sie mich recht verstehen. –* ‹Sicher, mein Herr, ich habe genau verstanden; ich habe übrigens die Ehre gehabt, Signorina Girò zu hören und weiß, daß ihre Stimme nicht kräftig genug ist ...› *– Wie bitte, mein Herr, Sie beschimpfen meine Schülerin? Sie kann und singt alles. –* ‹Natürlich, mein Herr, Sie haben ganz recht; geben Sie mir das Libretto und lassen Sie mich nur machen.› *– Nein, mein Herr, ich kann mich nicht davon trennen, ich brauche es dringend. –* ‹Also gut, mein Herr, wenn Sie es so dringend brauchen, dann geben Sie es mir jetzt für einen Augenblick, und ich werde Sie auf der Stelle zufriedenstellen.› *– Auf der Stelle? –* ‹Jawohl, mein Herr, auf der Stelle ...›

Der Priester sah mich spöttisch an, gab mir das Textheft, Papier und ein Pult, ergriff sein Brevier und nahm auf und ab gehend die Rezitation der Psalmen und Hymnen wieder auf. Ich las die Szene, die ich bereits kannte, nochmals durch, faßte in Gedanken noch einmal zusammen, was der Musiker wollte, und in weniger als einer Viertelstunde hatte ich die acht Verse einer zweiteiligen Arie zu Papier gebracht; ich rief den Priester herbei und zeigte ihm mein Werk. Vivaldi liest, seine Stirn glättet sich, liest noch einmal, stößt Freudenschreie aus, wirft sein Brevier zu Boden und ruft Signorina Girò herbei. Sie kommt. *Ah,* wendet er sich an sie, *hier ist ein seltener Mensch, ein hervorragender Dichter; lesen Sie diese Arie; der Herr hat sie hier gemacht, in weniger als einer Viertelstunde!* Und, wieder zu mir gewandt: *Ah, mein Herr, ich bitte Sie um Vergebung.* Und er umarmt mich und versichert mir, er werde nie mehr mit einem anderen Librettisten als mir zusammen arbeiten.»[297]

Daß Vivaldi schon im Jahr darauf wortbrüchig wurde und für Florenz *Ginevra Principessa di Scozia* auf ein Libretto Antonio Salvis kompo-nierte, mag für die Verstimmung Goldonis ausschlaggebend gewesen sein.

Waren Libretto und Partitur gelungen, Sänger und Orchester gut vor-bereitet und mit ihren Partien einverstanden, so blieb noch ein gewichti-ges Element, um den Erfolg der Oper zu gewährleisten: das Bühnenbild. «Ich kann mir nicht vorstellen, daß der menschliche Geist die Erfindung von Bühnenmaschinerien weiter vorantreiben kann, als es in Italien der Fall ist. Eines Tages sah man in Venedig einen Elefanten auf der Bühne erscheinen; mit einemmal löste sich diese gewaltige Apparatur auf, und

wo sie eben noch gestanden hatte, befand sich nun eine ganze Armee –
nur durch das Arrangement ihrer Schilde hatten alle Soldaten diesen Elefanten so täuschend dargestellt, als wäre es ein natürlicher Elefant gewesen.»[298] Solche Effekte waren es, die das Publikum sehen wollte, und auf
die hin oft schon das Libretto angelegt war: Geistererscheinungen, ein-
stürzende Gebäude, Naturkatastrophen aller Art und nicht zuletzt das
Eingreifen der Götter boten ein reiches Feld für die Phantasie der Bühnenbildner. Dabei war die «trompe-l'œil»-Praxis bevorzugtes und mit erstaunlicher Perfektion gehandhabtes Mittel, wie zeitgenössische Berichte
und Bilddokumente beweisen. Das Prinzip der «Guckkastenbühne»
wurde durch raffiniert vorgetäuschte Dreidimensionalität gesprengt, wobei keineswegs der Anspruch realistischer Konstruktion ausschlaggebend

Szenenentwurf von Filippo Juvarra

Francesco Bibiena

war: eine Kerkerdekoration Francesco Bibienas beispielsweise ist nicht weniger imaginär als ein beliebiges Blatt der «Carceri d'invenzione» Giovanni Battista Piranesis. Im Gegensatz zur französischen Tragédie lyrique spielte in der italienischen Oper die Natur eine wichtige Rolle, und zwar als idealisierte «arkadische» Landschaft; in der Regel wurde sie allerdings durch architekturale Elemente ergänzt, etwa durch einen «padiglione» – ein Baldachin-artiges Zelt – oder durch eine Ruine. Andere typische Szenerien sind üppig gestaltete Häfen («porto di mare»), oder Prachtarchitekturen («deliziose» oder «deliziose fiorite»), wie sie (vermutlich) Bibiena für *La Fida Ninfa* entwarf; immer wieder finden sich in Vivaldis Opern entsprechende Bühnenanweisungen: die «Illusion des Erhabenen» – eine Charakterisierung, die für das gesamte Opernschaffen des «prete rosso» in all seinen Elementen Gültigkeit hat.

Außer den Opern umfaßt Vivaldis weltliches Vokalwerk 30 Kantaten (22 für Sopran, 8 für Alt) für eine Solostimme und Basso continuo, neun weitere (5 für Sopran, 4 für Alt) für eine Solostimme mit Ensemblebegleitung, fünf «Serenate», die (verschollene) «egloga pescatoria» *Il Mopso* und zwei größere Vokalkompositionen ohne genaue Gattungsbezeichnung[299]; auch dieser heute bekannte Bestand stellt wohl nur einen Teil des tatsächlichen Schaffens Vivaldis in diesem Genre dar.

Die italienische Solokantate des 18. Jahrhunderts bevorzugt zwei Modelle: zum einen die zweiteilige «Cavata» – eine Vorform der Cavatine, mit Rezitativ und Arie –, die oft in verdoppelter Gestalt auftritt (zum Beispiel in Vivaldis *Amor hai vinto*); zum anderen die Form der Dacapo-

83

«Cortile di Fortezza». Entwurf von Francesco Bibiena

«Padiglione reale». Entwurf von Francesco Bibiena

«Porto di mare». Entwurf von Francesco Bibiena

«Scena di Porto». Entwurf von Francesco Bibiena

Arie, wie sie oben beschrieben wurde. Bei einer Reihe separat überliefer-
ter Kantaten Vivaldis steht daher auch zu vermuten, daß sie ursprünglich
im Kontext einer Oper standen, Versatzstücke bestimmter Affektsitua-
tionen, die nach Text und Musik in fast jedem Bühnenwerk ihren Platz
finden könnten. Die Komposition von Kantaten ergab sich, gleichsam als
«Nebenprodukt», aus der Opernarbeit; obwohl nur ein relativ kleiner Teil
der Kantaten Vivaldis genau zu datieren ist, kann man also davon ausgehen, daß keine von ihnen vor 1713, vor dem *Ottone in villa* geschrieben
wurde.

Als einzelne Komposition bildete die Kantate einen festen Bestandteil
des gesellschaftlichen Musiklebens, vielfach für einen besonderen Anlaß
(Geburtstag, Namenstag, Hochzeit, Geburt/Taufe usw.) geschrieben.
Vor allem seine Zeit am Hof von Mantua dürfte Vivaldi häufig Gelegenheit zu solchen Werken gegeben haben, wie auch einige Widmungen beweisen: *O mie porpore più belle* ist *Zum Lobe von Monsignore da Bagni,
Bischof von Mantua* komponiert (Graf Antonio Guidi di Bagno wurde am
15. April 1719 inthronisiert), *Qual in pioggia dorata i dolci rai* trägt eine
Widmung an den Landgrafen Philipp *Gouern.*[e] *di Man.*[a] *etc.*

Waren Anlaß und gesellschaftlicher Rahmen größer, so bevorzugte
man die Form der «Serenata»: umfangreiche, durchweg zweiteilige Kompositionen für drei oder vier Vokalsolisten, Orchester und Basso continuo. Im Gegensatz zur bloß affektgetragenen Solokantate besaßen «Serenate» eine (vermutlich nicht szenisch dargestellte) Handlung, deren
Thematik meist dem Bereich der arkadischen Schäferdichtung entnom-
men wurde. Eine solche «Serenata» Vivaldis – man weiß leider nicht,
welche – wurde beispielsweise im April 1722 in Venedig im Palazzo des
Marchese Pietro Emanuele Martinengo Colleone aufgeführt[300], dem der
Komponist sechs Jahre zuvor bereits seine Oper *La Costanza trionfante*
dediziert hatte; die *Serenata a tre* schrieb er, vermutlich in Mantua, *Pour
Monsieur le Mar. du Toureil*[301], *Le Gare del dovere* entstand 1719 *Zum
Lobe der einzigartigen Verdienste des Francesco Querini* (eine merkwürdige Parallele zur Familie Gambara: die Querinis waren in den sechziger
Jahren des 18. Jahrhunderts in eine aufsehenerregende Staatsaffäre verwickelt[302]); die *Serenata a quattro voci* schrieb Vivaldi 1726 zur Geburts-
tagsfeier des Landgrafen Philipp; im Jahr darauf entstand *L'Unione della
pace e di Marte* anläßlich der Geburt der Mesdames de France, ein Werk,
das wahrscheinlich gemeinsam mit dem verschollenen *Te Deum* uraufgeführt wurde.[303] So sind, neben den Opern und den Widmungen einiger
gedruckter Werkzyklen, die «Serenate» Vivaldis das lebendigste Dokument seiner Verbindungen zur Gesellschaft, auf die er sich ja auch – nicht
ohne Stolz – in einem Brief an Bentivoglio berufen hat: *Ich habe die Ehre,
mit neun Prinzen und gekrönten Häuptern in Kontakt zu stehen, und
meine Briefe kursieren in ganz Europa.*[304] Kein Zweifel: der «prete rosso»
wußte um den Wert guter Beziehungen, und diese Beziehungen sind es
auch, die das Bild seiner letzten Schaffensjahre bestimmen.

Der «Maestro de concerti» – Vivaldis Reisejahre und die letzte Zeit an der Pietà (1726–1740)

Mitte der zwanziger Jahre des 18. Jahrhunderts befand sich Antonio Vivaldi auf dem Gipfel seines Ruhms. Jedes seiner Werke fand beim Publikum begeisterte Zustimmung und wurde von anderen Meistern eifrig nachgeahmt. Sein Einfluß erstreckte sich über ganz Europa – von den Opern Georg Friedrich Händels über die Konzerte Johann Sebastian Bachs bis hin zu den eigenwilligen Kompositionen Jan Dismas Zelenkas. Vivaldi war zur zentralen Gestalt des venezianischen Musiklebens geworden, neben der sich andere Komponisten – seien es «dilettanti» (Liebhaber) wie Tomaso Albinoni oder Benedetto Marcello, seien es «sonadore» (Berufsmusiker) wie Baldassare Galuppi oder Pietro Nardini – mit einem zweiten Rang zufriedengeben mußten. Sicher, hier und da gab es Streitigkeiten mit Neidern, Konkurrenten und Gläubigern, vor allem im Zusammenhang mit der Arbeit am Teatro Sant'Angelo, und auch die politische und wirtschaftliche Regression der «Serenissima» wird an Vivaldi nicht spurlos vorübergegangen sein; mit patriotischer Liebe hing er an der *ruhmreichen venezianischen Republik, in der sich von ihrer Geburt an bis in unsere Zeit die italienische Freiheit behauptet hat, die Gott bis ans Ende aller Zeiten erhalten möge* [305]. Aber sein Leben verlief doch äußerlich wie innerlich in den ruhigen Bahnen, wie sie nur die Gewißheit des Erfolgs schafft.

Seit 1722 bewohnte er mit seinen Eltern (und wohl auch mit einigen seiner Geschwister) ein Haus in der Calle del Paradiso nahe der Kirche Santa Maria Formosa [306], wenngleich das Gerücht kursierte, der «prete rosso» lebe mit den Schwestern Girò zusammen. *Ich wohne niemals mit den Giròs in einem Haus. Die bösen Zungen können sagen was sie wollen, aber Eure Exzellenz weiß ja, daß ich in Venedig ein Haus bewohne, für das ich 200 Dukaten zahle, während ein anderes, sehr weit von meinem, das der Girò ist.* [307] 1725 wohnte sie zwar auch im Pfarrbezirk von Santa Maria Formosa [308], doch seit 1730 lebte Vivaldi tatsächlich sehr weit von ihr, in der Calle Sant'Antonio, wie erst vor kurzem wiederentdeckte Mietverträge bezeugen. [309] Dennoch hörten die Gerüchte nicht auf: es hieß sogar, Vivaldi habe seinen klerikalen Stand aufgegeben und seine Lieblingsschülerin zur «legitimen Gemahlin» [310] genommen.

Vivaldis Gemahlin war Anna Girò sicherlich nicht, wohl aber seine bevorzugte Interpretin. Im Karneval 1726 ist sie (am Sant'Angelo) erstmals in einem Werk ihres Lehrers und Mentors nachweisbar, und zwar als

Die Calle del Paradiso

Königin Tamiri in *Farnace*. «Das Libretto ist passabel, abgesehen von den Schwächen einer ganz und gar unglaubwürdigen Episode», berichtete der Abbé Conti darüber an Madame de Caylus. «Vivaldis Musik ist sehr abwechslungsreich, bald grandios, bald zärtlich; seine Schülerin vollbringt darin wahre Wunder, wenn ihre Stimme auch nicht zu den schönsten gehört.»[311] Immerhin hatte die Girò ein Jahr zuvor den Fürsten Alderano di Massa so tief beeindruckt, daß er ihr das wahrhaft fürstliche Geschenk von 60 Zecchinen zukommen ließ.[312]

Obwohl Vivaldis Name in den Kassenbüchern der Pietà nicht erwähnt wird, scheint er sich 1726 und auch größtenteils während der beiden folgenden Jahre in Venedig aufgehalten zu haben. Allein 1726 gelangen am Sant'Angelo vier Opern des «prete rosso» zur Aufführung, zum Teil unter verständlicher Zeitnot, für die er sich im Libretto der *Cunegonda* ausdrücklich entschuldigt. In dasselbe Jahr 1726 fällt auch der Besuch von Johann Joachim Quantz in Venedig, der im Schaffen Vivaldis deutliche

Spuren hinterlassen hat; Quantz war einer der ersten, die der Traversflöte gegenüber der Blockflöte den Vorzug gaben, und er dürfte es auch gewesen sein, der Vivaldis Interesse für dieses Instrument weckte. Die fünfzehn Concerti[313] – darunter die sechs von Le Cène um 1728 als Opus X[314] veröffentlichten – für Traversflöte (bei denen es sich zum Teil freilich um Adaptationen älterer Werke handelt) sind wohl sämtlich zwischen 1726 und 1729 entstanden[315], und auch die erste solistische Verwendung der Traversflöte in einer Oper Vivaldis stammt aus dieser Zeit: sie findet sich in der Arie *Si da te mio dolce amore* aus dem *Orlando furioso,* der im Herbst 1727 am Sant'Angelo uraufgeführt wurde; der mit der Stimme konzertierende Flötenpart gehört zum Anspruchsvollsten, was in dieser Zeit für das Instrument komponiert worden ist.

Vivaldis Haus in der Calle del Paradiso

Karl VI., römisch-deutscher Kaiser.
Stich von E. Desroches

Am 6. Mai 1728 starb «Signora Camilla, Frau des Signor Giovanni Battista Vivaldi, im Alter von etwa 73 Jahren, die seit ungefähr zwei Jahren an einem Schlaganfall mit Fieber krank darniederlag» [316]. Der letzte von einigen wenigen Hinweisen auf die Mutter Vivaldis, von der wir kaum etwas wissen. Hat er, wie viele Asthmatiker, an ihr mit besonderer Liebe gehangen? Waren Anna Girò und die anderen Frauen, die ihn auf seinen Reisen begleiteten, letztlich nur ein Substitut der Mutter, der mütterlichen Wärme, wie Roger-Claude Travers vermutet? [317] Wie weit hatte Camilla Vivaldi Anteil an der musikalischen Arbeit ihres Mannes und ihres erstgeborenen Sohnes? Was mag sie von dem oft recht unklerikalen Lebenswandel Antonios gehalten haben, was von seiner Schülerin Anna Girò und den Gerüchten, die über die beiden kursierten?

Im September 1728 besuchte Karl VI. Triest, selbständiges österreichisches Kronland und wichtigster Hafen- und Seehandelsplatz des Habsburger Reiches. «Der Kaiser hat sich lange mit Vivaldi über Musik unterhalten», berichtete der Abbé Conti nach Paris, «man sagt, er habe mit ihm allein in zwei Wochen mehr gesprochen als mit seinen Ministern in zwei Jahren ... Der Kaiser hat Vivaldi auch mit viel Geld beschenkt, ihm eine goldene Kette und Medaille gegeben und ihn in den Ritterstand erhoben.»[318] Möglicherweise hatte Landgraf Philipp, der ja unmittelbar dem Kaiser unterstand, den Kontakt seines Kammerkapellmeisters zum österreichischen Hof in die Wege geleitet; wahrscheinlich bestand die Verbindung schon vor dem Besuch Karls VI. in Triest, denn bereits 1727 war bei Le Cène in Amsterdam das Opus IX[319] (*La Cetra*) des «prete rosso» mit einer Widmung *Alla Sacra, Cesarea, Cattolica, Real Maesta di Carlo VI* erschienen.

Die Begegnung Vivaldis mit dem Habsburger Kaiser wirft zahlreiche Fragen auf: Karl VI. scheint – nach dem Bericht des Abbé Conti – dem

Vivaldi: Opus X. Titelblatt

Komponisten ein mehr als nur durchschnittliches Interesse entgegengebracht zu haben, und noch 1740 setzte Vivaldi auf den österreichischen
Hof große Hoffnungen.[320] Warum ist es trotzdem nicht zu einem Dienst-
verhältnis gekommen? Seit 1715 amtierte Johann Joseph Fux in Wien als
Hofkapellmeister, der Verfasser des berühmten Kontrapunkt-Lehrbu-
ches «Gradus ad Parnassum»: ein durch und durch konservativer Musiker
und erklärter Feind des italienischen «galanten» Stils, wie ihn sein Stellvertreter Antonio Caldara repräsentierte; hatte Fux dem Kaiser abgera-
ten, Vivaldi anzustellen, weil dieser mehr noch als Caldara der Antipode
seiner Ästhetik zu sein schien? («Vivaldi legte auf eine virtuose Fertigkeit
in seinen Kompositionen den Hauptwert, während die strengen kontra-
punktischen Formen sich in ein leichteres einfacheres Gewand auflösen.
Sein Streben ging mehr auf äußeren Sinnenreiz»[321], urteilte noch Ende
des 19. Jahrhunderts Joseph Wilhelm von Wasielewski in offensichtlicher
Unkenntnis zahlreicher Werke des «prete rosso», die sein ebenso perfek-
tes wie subtiles polyphones Können bezeugen.[322]) Oder war es Vivaldi
selbst gewesen, der seine venezianische Freiheit nicht für eine Stellung
am Wiener Hof aufgeben wollte, wo er sicherlich weit mehr Verbindlichkeiten zu erfüllen gehabt hätte als während seiner Zeit in Mantua? Jedenfalls scheint Karl VI. ihn eingeladen zu haben, und Vivaldi ist diesem Ruf
offenbar auch gefolgt.

Für diese Reise nach Wien, die bis heute durch kein stichhaltiges Dokument belegt werden konnte, gibt es zwei Hinweise: einmal Vivaldis Äuße-
rung (in einem Brief an Bentivoglio), er sei *nach Wien gerufen worden*[323];
zum anderen ein Gesuch seines Vaters vom 30. September 1729: «Der
Geiger Gio:Batt[ist]a Vivaldi hat um die gnädige Erlaubnis gebeten, einen Jahr seinem Dienst in der Capella Ducale fernbleiben zu dürfen, um
einen seiner Söhne nach ‹Germania› zu begleiten; für die besagte Zeit
solle er von Francesco Negri vertreten werden. Es ist beschlossen worden, dem erwähnten Gesuch des genannten für den Zeitraum eines Jahres stattzugeben.»[324] «Germania» konnte im Sprachgebrauch der Zeit
ebensogut Deutschland wie Österreich meinen, und von den Söhnen Giovanni Battista Vivaldis (alle drei Brüder Antonios waren als Handwerker
– zwei als Barbiere – in der «Serenissima» tätig) hätte kein anderer als
Antonio Veranlassung gehabt, nach «Germania» zu gehen. Alles spricht
dafür, daß der «prete rosso» 1729 mit seinem Vater (und Anna Girò) Venedig verließ, um sich nach Wien zu begeben.

Alles spricht dafür, und doch läßt sich diese Reise durch nichts beweisen. De facto klafft in der Biographie Vivaldis zwischen dem September
1728 (seiner Begegnung mit dem Habsburger Kaiser in Triest) und dem
August 1735 (seiner Wiedereinstellung als «Maestro de concerti» an der
Pietà) eine Lücke von rund sieben Jahren, die sich fast nur durch Vermutungen füllen läßt. Doch hier zunächst die spärlich dokumentierte Chro-
nologie und Topographie dieses Zeitraums nach dem heutigen Stand der
Forschung.

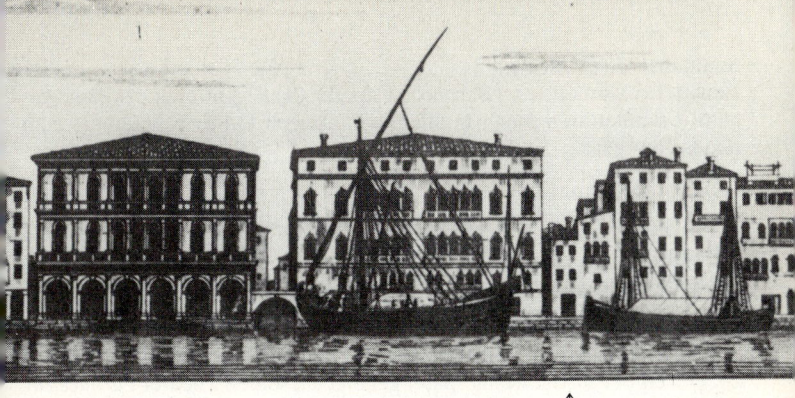

Il Canal Grande. Stich von Antonio Quadri
(Ausschnitt: Ansicht von Vivaldis Haus in der Calle Sant'Antonio)

September 1728 (Triest)
Vivaldi verbringt mindestens zwei Wochen in der Nähe Karls VI.

9. November 1728 (Venedig)
Vivaldis Bruder Giuseppe (Iseppo) ist in einen Raufhandel verwickelt
und wird unter Anklage gestellt; der Prozeß dauert bis zum Frühjahr 1729

29. Dezember 1728 (Florenz)
Am Teatro della Pergola wird *Atenaide ossia Gli affetti generosi* aufgeführt; da Anna Girò die Rolle der Pulcheria singt, kann man vermuten,
daß auch Vivaldi in Florenz ist

Ende Februar 1729 (Venedig)
Letztes nachweisbares Auftreten der Girò vor April/Mai 1730

30. September 1729 (Venedig)
Giovanni Battista Vivaldi erhält von der Capella Ducale eine einjährige
Beurlaubung, «um einen seiner Söhne nach ‹Germania› zu begleiten»; da
derartige Dokumente gelegentlich post factum fixiert wurden, ist nicht
auszuschließen, daß Vivaldis Vater Venedig schon vor dem 30. September verlassen hat

Frühjahr 1730 (Prag)
Am Theater des Grafen Sporck wird *Farnace* aufgeführt

April/Mai 1730 (Venedig)
Anna Girò wirkt bei Aufführungen von Johann Adolf Hasses «Dalisa»
am Teatro San Samuele mit; letztes nachweisbares Auftreten vor dem
Herbst 1733

4. Mai 1730 (Venedig)
«Reverendo don Antonio Vivaldi»[325] mietet eine Wohnung in der Calle
Sant'Antonio, nahe der Kirche San Salvador

Sommer 1730 (Venedig)
Benedetto Marcello und Bernardo Capello, die Eigentümer des Sant'Angelo, bestellen den ihnen in allem willfährigen Fabrizio Brugnolo zum neuen Impresario des Theaters

Herbst 1730 (Prag)
Am Theater des Grafen Sporck wird *Argippo* uraufgeführt

Frühjahr 1731 (Prag)
An demselben Theater wird *Alvilda regina dei Goti* uraufgeführt

Karneval 1732 (Mantua)
Am Teatro Arciducale wird *Semiramide* uraufgeführt («faccio fede» vom 26. Dezember 1731), wenig später gelangt am selben Theater *Farnace* zur Aufführung; da Anna Girò bei beiden Aufführungen mitwirkt, kann man vermuten, daß auch Vivaldi in Mantua ist

6. Januar 1732 (Verona)
Zur Inauguration des Nuovo Teatro dell'Accademia wird *La fida ninfa* uraufgeführt

Karneval 1732 (Prag)
Am Theater des Grafen Sporck werden kurz nacheinander *Doriclea* und *Dorilla in tempe* aufgeführt

Februar 1733 (Venedig)
Vivaldi trifft mit Edward Holdsworth zusammen

Herbst 1733 (Venedig)
Am Teatro Sant'Angelo wird *Mo(n)tezuma* uraufgeführt; Anna Girò singt die Rolle der Mitrena

Karneval 1734 (Venedig)
An demselben Theater wird *L'Olimpiade* uraufgeführt

Winter 1734 (Venedig)
An demselben Theater wird *Dorilla in tempe* aufgeführt

Frühjahr 1735 (Venedig)
Vivaldi trifft mit Carlo Goldoni zusammen

Karneval 1735 (Verona)
Am Nuovo Teatro dell'Accademia werden kurz nacheinander *Il Tamerlano* (*Bajazet*) und *L'Adelaide* uraufgeführt; da Anna Girò bei beiden Werken mitwirkt, kann man vermuten, daß auch Vivaldi in Verona ist

Mai 1735 (Venedig)
Am Teatro San Samuele wird *Griselda* uraufgeführt; Anna Girò singt die Titelrolle

5. August 1735 (Venedig)
Vivaldi wird als «Maestro de concerti» erneut am Ospedale della Pietà angestellt

*Das Teatro Filarmonico di Verona während
einer Probe zu Vivaldis «Fida Ninfa» RV 714, 1732*

Soweit also die Fakten, die kaum genügen, Vivaldis Biographie für den fraglichen Zeitraum zu rekonstruieren; bestenfalls kann man den folgenden «Indizienbeweis» versuchen:

Als Vivaldi im September 1728 mit Karl VI. zusammentraf, war die Florentiner Premiere der *Atenaide* zweifellos bereits geplant; sollte der Kaiser den «prete rosso» nach Wien eingeladen haben, so konnte diese Reise also frühestens Anfang 1729 stattfinden, und zwar nach der kalten Jahreszeit, die mit unsicheren Witterungshältnissen die Fahrt bedeutend erschwert hätte. Außerdem wollte Vivaldi seinen Vater und Anna Girò mitnehmen, die nicht sofort abkömmlich waren. Hinzu kam dann noch der Prozeß gegen Vivaldis Bruder Giuseppe, dessen Ausgang die Familie wahrscheinlich abwarten wollte. Wenn man weiter davon ausgeht, daß das Beurlaubungsgesuch Giovanni Battista Vivaldis (einer durchaus üblichen Praxis folgend) nachdatiert worden ist, kann der Antritt der mutmaßlichen Reise nach Wien etwa für den Sommer 1729 angesetzt werden.

Daß Anna Girò den Komponisten begleitete, war seit 1719 die Regel. Warum aber mutete Vivaldi dieses eine Mal seinem immerhin schon vier-

Franz Anton Graf von Sporck

undsiebzigjährigen Vater die Strapazen einer solchen Reise zu? Hatte er die Hoffnung (oder sogar konkrete Versprechungen seitens des Kaisers), am Habsburger Hof eine feste Anstellung zu erhalten? War die «Reise» nach Wien vielleicht als definitive Übersiedlung geplant? Nicht nur die Beurlaubung Giovanni Battista Vivaldis legt diese Vermutung nahe, sondern auch der Umstand, daß der «prete rosso» für einen bloß befristeten Besuch in Wien kaum das Risiko in Kauf genommen hätte, seine einfluß-reiche Stellung als Impresario des Sant'Angelo zu verlieren (wie es dann ja auch tatsächlich geschah).

Was immer sich Vivaldi von Wien erwartet haben mag: seine Hoffnungen sind zweifellos enttäuscht worden. Es ist keinerlei Dokument über seinen Aufenthalt am kaiserlichen Hof bekannt, und also ist es auch wohl zu keiner Aufführung eines seiner Werke gekommen. Aber hatte Vivaldi mit dieser Reise nur einer unbestimmten Erwartung nachgegeben, oder hatte vielleicht Karl VI. dem «prete rosso» Versprechungen gemacht, die er nun nicht halten konnte (oder wollte)? Johann Joseph Fux wird als schwer gichtleidender Mann den Kaiser kaum nach Triest begleitet haben: sorgte er nun, in Wien, dafür, daß es zu keiner Anstellung Vivaldis kam? Auf wessen Fürsprache konnte der Venezianer überhaupt zählen?

Man weiß von Vivaldis Verbindung zum Kardinal Pie(t)ro Ottoboni, dem seinerseits Antonio Caldara 1715 sein Opus 6 gewidmet hatte: hat Ottoboni dem «prete rosso» eine Empfehlung an den stellvertretenden Hofkapellmeister mitgegeben? Mit wem hat Vivaldi in Wien Kontakt gehabt, ist er überhaupt vom Kaiser empfangen worden? Karl VI. hatte vermutlich ganz andere Sorgen als seine Hofkapelle: da war die Allianz zwischen Spanien, Frankreich und England, zu der es auf dem Kongreß von Soissons (9. November 1729) kam, und da war der drohende Krieg mit der englischen Krone, die sich erst im Januar 1732 der Pragmatischen Sanktion anschloß, durch die der Kaiser 1713 die Erbfolge neu geregelt hatte. Wie auch immer: alle Bemühungen, alles Antichambrieren blieb offenbar erfolglos und verschlang Unsummen von Geld, ohne daß auf irgendwelche Einkünfte zu hoffen war – Vivaldi und seine Begleiter mußten Wien aufgeben.

Aber wohin? Nach Venedig zurück, wo man alle Brücken hinter sich abgebrochen hatte? Nach Frankreich, auf die vage Hoffnung hin, Ludwig XV. werde sich der Reisenden annehmen? Nach Dresden, um vielleicht durch die Vermittlung Pisendels in die Hofkapelle aufgenommen zu werden? Oder – nach Prag?

Seit wenigstens 1725[326] stand Vivaldi in Kontakt mit der venezianischen Operntruppe Antonio Denzios, die Franz Anton Graf von Sporck nach Prag verpflichtet hatte, um in dem Theater seines Palais «der hiesigen Nachbarschaft und vielleicht dem gantzen Königreich etwas noch niemahl gesehenes und gehörtes zur Lust und Vergnügung vorstellen zu lassen»[327]. Auch ein anderer Gönner Vivaldis residierte in Prag: Venceslaw Graf von Morzin, dem er 1725 seinen *Cimento dell'Armonia e dell'Invention* Opus VIII[328] gewidmet hatte. Der Graf verfügte über ein *Virtuosissima Orchestra*, zu dessen *Maestro di Musica in Italia*[329] Vivaldi während eines nicht genau datierbaren Aufenthalts Morzins in Norditalien ernannt worden war. Schließlich kann der Komponist schon damals Verbindung zum Grafen Collalto gehabt haben, dem er noch kurz vor seinem Tode einige Werke verkaufte. Prag war also von allen möglichen Reisezielen das naheliegendste und vielversprechendste, und so haben mehrere Biographen auch angenommen, Vivaldi sei von Wien unmittelbar nach Prag gereist.

Dem widersprechen jedoch zwei Fakten: das Auftreten der Girò in Hasses «Dalisa» und Vivaldis Anmieten einer neuen Wohnung in Venedig – beides Ende April/Anfang Mai 1730. Wieder muß man sich mit Hypothesen zufriedengeben: hatte sich schon für Wien die Hoffnung auf eine Anstellung als trügerisch erwiesen, so waren die Aussichten in Prag noch ungewisser. Es wäre – ganz abgesehen von den Kosten eines solchen Unternehmens – unverantwortlicher Leichtsinn gewesen, mit dem Vater und Anna Girò ohne konkrete Aussichten weiter nach Prag zu reisen. Vielleicht hat auch Giovanni Battista Vivaldi darauf gedrängt, nach Venedig zurückzukehren, wo ihm immerhin seine Stelle in der Capella Ducale sicher war. Jedenfalls trafen die Reisenden im Frühjahr 1730 wieder in der «Serenissima» ein.

Hatte Vivaldi da schon die Absicht, sein Glück doch noch in Prag zu versuchen? Mußte er erkennen, daß seine Stellung im venezianischen Musikleben längst nicht mehr so sicher war wie noch vor zehn Jahren, und hat ihn das erst erneut von Venedig fortgetrieben? Gab er das Teatro Sant'Angelo bereits verloren (und kam deswegen zwischen 1728 und 1731 keine Oper Vivaldis in Venedig zur Aufführung)? Im Sommer 1730, vielleicht sogar schon Mitte Mai scheint der «prete rosso» seine Heimatstadt erneut verlassen zu haben, um sich nach Prag zu begeben, vermutlich wiederum in Begleitung Anna Giròs, aber ohne seinen Vater.

Die Aufführung von fünf Opern Vivaldis am Theater des Grafen Sporck innerhalb nur zweier Jahre[330] läßt vermuten, daß der Komponist selbst «vor Ort» war; und auch, wenn in keiner dieser Aufführungen die Girò mitwirkte, kann man davon ausgehen, daß sie ihn begleitete, zumal sie in dem fraglichen Zeitraum in Italien nicht aufgetreten zu sein scheint. Die Reise brachte Erfolg, aber nicht die Anstellung, auf die Vivaldi vielleicht gehofft hatte. Im Sommer 1731 kehrte er nach Italien zurück, wo ihn ein ungewisses Schicksal erwartete – diese Ungewißheit hatte erst ein Ende, als ihn die Pietà am 5. August 1735 als «Maestro de concerti» wieder in ihre Dienste nahm. Von den Freiheiten, die ihm das Ospedale 1723 gewährt hatte, war freilich keine Rede mehr: «Es wird Aufgabe des Maestros sein, für unsere Mädchen die Concerti zu liefern, sowie Kompositionen für alle Arten von Instrumenten, und er hat mit der erforderlichen Häufigkeit die Mädchen zu unterrichten, die fähig werden müssen, diese [Kompositionen] gut aufzuführen. Er wird außerdem gehalten sein, unsere Mädchen wenn nötig aufs beste in allen Instrumenten zu unterweisen, die sie spielen.»[331] Nach dem Stand der Dinge mußte Vivaldi froh sein, so zumindest die Sicherheit von 100 Dukaten jährlich zu haben.

Sein Stern war im Sinken begriffen. Selbst sein Verleger Michel Le Cène scheint sich von dem einst so erfolgreichen Autor zurückgezogen zu haben: 1729 und 1730 hatte er noch zwei Sammlungen mit jeweils sechs Concerti Vivaldis veröffentlicht[332], doch seither war sein Interesse am Schaffen des «prete rosso» offenbar erlahmt. Und auch diese beiden letzten Opera Vivaldis (das 1737 in Paris veröffentlichte Opus XIII[333] ist wahrscheinlich apokryph[334]) unterscheiden sich bereits deutlich von früheren Zyklen: nur mehr sechs Concerti (und nicht zwölf wie in den Opera III, IV, VIII und IX), keinen anspruchsvoll-selbstbewußten Titel (wie *La Stravaganza* oder *Il Cimento dell'Armonia e dell'Inventione*), keine Widmung an ein gekröntes Haupt oder einen adligen Gönner. Selbst die Nachdrucke von fünfzehn Concerti[335], die 1730 in England erschienen, können nicht darüber hinwegtäuschen, daß Vivaldis Musik vielerorts aus der Mode gekommen war.

Seit er seine Stellung als Impresario des Sant'Angelo verloren hatte, geriet auch die Opernproduktion des «prete rosso» ins Stocken, zumal ihn die Tätigkeit an der Pietà derart in Anspruch genommen haben wird, daß ihm kaum Zeit und Kraft blieb, sich um andere Bühnen zu bemühen. Die Aufführung des *Aristide* am San Samuele im Herbst 1735 wird wohl Goldoni arrangiert haben, und die *Ginevra,* die im Januar des folgenden Jah-

CONCERTI

a Violino Principale, Violino Primo e Secondo
Alto Viola, Organo e Violoncello.

di

D. ANTONIO VIVALDI

Musico di Violino, Maestro del Pio Ospitale
della Citta di Venetia, e Maestro di Capella
di Camera di S. A. S. Il. Sig.r Principe
Filippo Langravio d'Hassia Darmstadt.

OPERA DUODECIMA

AMSTERDAM

a Spesa di MICHELE CARLO LE CENE

N.° 546.

*Vivaldi: Opus XII. Titelblatt des letzten zu Lebzeiten
des Komponisten gedruckten Originalwerks*

res im Florentiner Teatro della Pergola ihre Premiere erlebte, wurde wenig später in Ferrara abgelehnt: *diese Herren wollen meine Ginevra nicht, sondern Demetrio*[336], ein Werk (möglicherweise Hasses), zu dem Vivaldi nur einige neue Arien und Rezitative beigesteuert hatte. Inmitten dieser Sorgen traf den Komponisten am 14. Mai 1736 noch ein tiefer persönlicher Verlust: «Herr Giovanni Battista Vivaldi, 81 Jahre alt, krank und

Die Bühne des Teatro San Samuele. Stich von Romualdo Mauri nach Antonio Codognato

seit langer Zeit ans Bett gefesselt, ist heute gegen 17 Uhr verstorben, zwei Tage nach einem katarrhalischen Infekt.»[337]

Doch all das ist noch nichts im Vergleich zu der Katastrophe, die im Jahre 1737 über Vivaldi hereinbricht – die drohenden Gewitterwolken, die sich seit langem schon über ihm zusammengeballt haben, entladen sich, und der Blitz trifft ihn mit ganzer Wucht.

Alles hatte damit begonnen, daß eine Gruppe von Adligen aus Ferrara unter der Leitung des Marchese Guido d'Aragona Bentivoglio im Oktober 1736 den Abbate Giuseppe Maria Bollani beauftragte, sich um die «scritture» zweier Opern zu kümmern. Bollani verhandelt in Venedig mit Vivaldi, der zu jedem Zugeständnis bereit ist: ... *nachdem ich mich ge-*

100

*weigert habe, für 90 Zecchinen die dritte Oper am San Cassiano zu ma-
chen, mußte man, um mich zu bekommen, schließlich meinen üblichen
Preis von 100 Zecchinen akzeptieren; Ferrara dagegen wird von mir zwei
von mir arrangierte und vollendete (als seien es für diesen Anlaß neu ge-
schriebene) Werke bekommen, und das für den Preis von jeweils 6 Zecchinen, was dem Honorar eines Kopisten entspricht. Es ist dies ein allerdemütigstes Opfer, das ich nur der wohlwollenden Vermittlung Eurer Exzellenz
bringe.*[338] (Wenig später gesteht Vivaldi allerdings, *Bollani hat mich zu
einem Zeitpunkt engagiert, wo der Stand der Dinge mich zwang, ihm zwei
Opern für den elenden Preis von je 6 Zecchinen zu versprechen*[339] – kein
allerdemütigstes Opfer also, sondern ein Akt der Verzweiflung!) Es geht
dabei um die Opern *Ginevra* und *L'Olimpiade,* die Vivaldi für Ferrara
überarbeiten soll; doch kaum ist das Material der *Ginevra* bereit, ändert
Bollani seine Meinung: anstatt dieses Werkes soll der «prete rosso» nun
«Demetrio» einrichten. *Ich hole also bei Grimani das Manuskript ab, um
es kopieren zu lassen, aber von sechs Stimmen müssen fünf geändert werden, so daß kein Rezitativ mehr paßt. So entschließe ich mich (Eure Exzellenz mag daran sehen, daß ich ein gutes Herz habe), alle Rezitative neu zu
machen*[340] *und den Sängern sehr viele meiner Arien zu geben.*[341]

Der Preis, den Bollani zahlen will, ist tatsächlich *elend;* dennoch muß
Vivaldi endlos lange auf sein Geld warten *und etwa zehn Briefe schreiben
mit der Bitte, mir über Lanzetti die noch ausstehenden 20 Lire auszuzah-
len, ohne daß er je darauf reagiert. Statt dessen drängt er* (Bollani) *mich in
zahlreichen Briefen, ihm die Olimpiade zu schicken.*[342] Vivaldi geht also
daran, die Partitur dieses Werkes für Ferrara ganz und gar umzuschrei-
ben, da kommt ein neuer Befehl: ... *man will nicht mehr die Olimpiade,
sondern Alessandro nell'Indie. Und darüber hinaus fügt er auch noch die
lächerliche Bitte an, Seine Exzellenz Michiel Grimani wolle das Origi-
nalmanuskript nach Ferrara schicken, damit es dort kopiert werde, was
kein normaler Impresario veranlassen oder fragen würde.*[343] *Es scheint, als
sei dies das Jahr der Impresarii ohne Erfahrung. So ist es am San Cassiano,
am Sant'Angelo* (ein Seitenhieb auf Fabrizio Brugnolo), *in Brescia – von
Ferrara ganz zu schweigen.*[344] Dieser Bollani *hat von dem Metier eines
Impresarios keine Ahnung und weiß nicht, wo man ausgeben und wo sparen muß*[345]. Bentivoglio möge doch die Güte haben und kraft seiner Au-
torität dafür sorgen, *daß der Impresario Signorina Girò unverzüglich die
6 Zecchinen und die 20 Lire für die Kopisten aushändige, die mir von
Rechts wegen zustehen*[346].

Die Streitereien und Verhandlungen ziehen sich bis zum November
1737 hin und gestalten sich doppelt schwierig, da Vivaldi in Venedig unab-
kömmlich ist und sich nicht selbst in Ferrara um die Angelegenheiten
kümmern kann, aber schließlich scheint der Oper nichts mehr im Wege zu
stehen. Doch da – am 16. November – brechen alle Hoffnungen Vivaldis
jäh zusammen: *Nach so vielen Umtrieben und Mühen ist die Oper in Ferrara vernichtet! Heute hat mich der Apostolische Nuntius zu sich rufen
lassen und mir im Namen seiner Eminenz Ruffo verboten, nach Ferrara zu
gehen und dort die Oper zu machen; und das, weil ich als Priester keine*

Eingang zum Schouwburg-Theater in Amsterdam. Stich von S. Fokke, 1760

Messe lese, und wegen meiner «amicizia» mit der Sängerin Girò. Eure Exzellenz können sich meinen Zustand nach einem solchen Schlag vorstellen.[347] Vivaldis Apologie, die nun folgt, ist zu großen Teilen hier bereits zitiert worden.

Kardinal Tommaso Ruffo: Erzbischof von Ferrara, konservativer Verfechter kirchlicher Dogmen, Moralist und Eiferer, erklärter Feind aller klerikalen Liberalität; 1738 erließ er ein «Editto in occasione del Carnovale»: «Wir ordnen an und befehlen ausdrücklich allen einzelnen Geistlichen jedweden Amtes, Grades und Standes ... sich an die Bestimmungen der heiligen Gesetze, Konzile und Apostolischen Erlässe zu erinnern und sich gänzlich zu enthalten: des Tragens von Masken, des Aufenthalts bei Gauklern und Scharlatanen aller Art, des Aufenthalts und anstößigen Spazierengehens auf Straßen und Plätzen, der Teilnahme an bestimmten Ausschweifungen, insbesondere an Bällen, Festen und Gelagen.»[348] Wenn nicht persönliche Gründe (von denen man freilich nichts weiß) mit im Spiel waren, so wollte Ruffo vermutlich an Vivaldi ein Exempel statuieren und den hoffnungslos profanierten Klerus einschüchtern; gerade die Verbindung eines Priesters zum Theater muß ihm ein Dorn im Auge gewesen sein, denn auch der Abbate Bollani wurde seiner Pflichten enthoben. Dabei zeigte sich der Kardinal allen Versuchen Bentivoglios, die Angelegenheit doch noch ins Lot zu bringen, unzugänglich: «Er hat mir versichert, er werde an seiner Entscheidung festhalten, selbst wenn ihn der Papst persönlich auffordern würde, sie zu widerrufen, und er werde eher sein Episkopat verlieren als in seinem Entschluß wankend zu werden, da er glaube, so handeln zu müssen.»[349]

Tatsächlich scheint Papst Klemens XII. mit dem Auftreten seines Kardinals nicht zufrieden gewesen zu sein; es ist nicht ausgeschlossen, daß der «Fall Vivaldi» sogar den Ausschlag dafür gab, daß Ruffo im Juni 1738 von seinem Amt als Erzbischof von Ferrara zurücktrat. Damit war für Vivaldi wieder neue Hoffnung gegeben, und wirklich werden Aufführungen von *Siroe Re di Persia* und *Farnace* vorbereitet; doch *Siroe* wird (vielleicht von Anhängern Ruffos, vielleicht von Neidern) boykottiert, die Aufführung ein Mißerfolg, und *Farnace* gar nicht erst aufs Programm gesetzt. *Die höchste Protektion Eurer Exzellenz ist nun mein einziger Trost, mit Tränen in den Augen küsse ich Eure Hände.*[350]

In diese Krisenzeit fällt auch ein Ereignis, das zum letztenmal Vivaldis europäischen Ruhm dokumentiert. Zur Hundertjahrfeier der Stadtschouwburg, des Theaters von Amsterdam, dirigiert der «prete rosso»

Kardinal Tommaso Ruffo. Stich von A. Bolzoni, 1718

Charles de Brosses. Stich von A. de Saint-Aubin

dort am 7. Januar 1738 ein großes Festkonzert, in dem unter anderem sein Concerto grosso in D-Dur[351] erklingt; vermutlich hat Le Cène die Einladung Vivaldis erwirkt. Und bei seiner Rückkehr nach Venedig keimt ein weiterer Hoffnungsschimmer auf: Vivaldi übernimmt (etwa im Februar/ März 1738) erneut die Leitung des Sant'Angelo, wenn auch – wohl auf Grund der Ereignisse von Ferrara – offiziell ein anderer als Impresario auftritt: der Bühnenbildner Antonio Mauro.[352] Aber auch diese Hoffnung scheiterte letztlich: Mauro setzt im März 1739 die Bestallung eines anderen Impresarios durch, des Venezianers Girolamo Lech, und die im Karneval dieses Jahres am Sant'Angelo uraufgeführte Oper *Feraspe* bleibt das letzte szenische Werk Vivaldis. *Denkt daran, daß die Sünde der Undankbarkeit eine der schrecklichsten ist,* klagt er in einem Brief an Mauro. *Die Ausreden sind nichts als Teufelswerk, um die Wahrheit zu verbergen.*[353] Was aber war die Wahrheit? War Vivaldi – wieder einmal – Opfer einer Intrige geworden? Oder gehorchte Mauro der Erkenntnis, daß Venedig von dem «prete rosso» und seiner Musik nichts mehr wissen wollte?

Im August 1739 trifft Charles de Brosses, ein französischer Reisender (und später der erste Präsident des Parlaments von Dijon), in Venedig mit Vivaldi zusammen. «Zu meinem großen Erstaunen habe ich festgestellt, daß er in diesem Land, wo alles nach der Mode geht, wo man seine Werke seit zu langer Zeit hört und wo die Musik vom Vorjahr nichts mehr einbringt, nicht so angesehen ist, wie er es verdiente.»[354]

Die letzte Bastion Vivaldis war die Pietà. Hier war es auch, daß er die letzten Glanzlichter seines verblassenden Ruhms erleben durfte. Ende 1739 stattete Ferdinand von Bayern der «Serenissima» einen Besuch ab und hörte am Ospedale die «Fischerekloge» *Il Mopso*. Und am 21. März

Brief Vivaldis an Antonio Mauro vom 12. März 1739

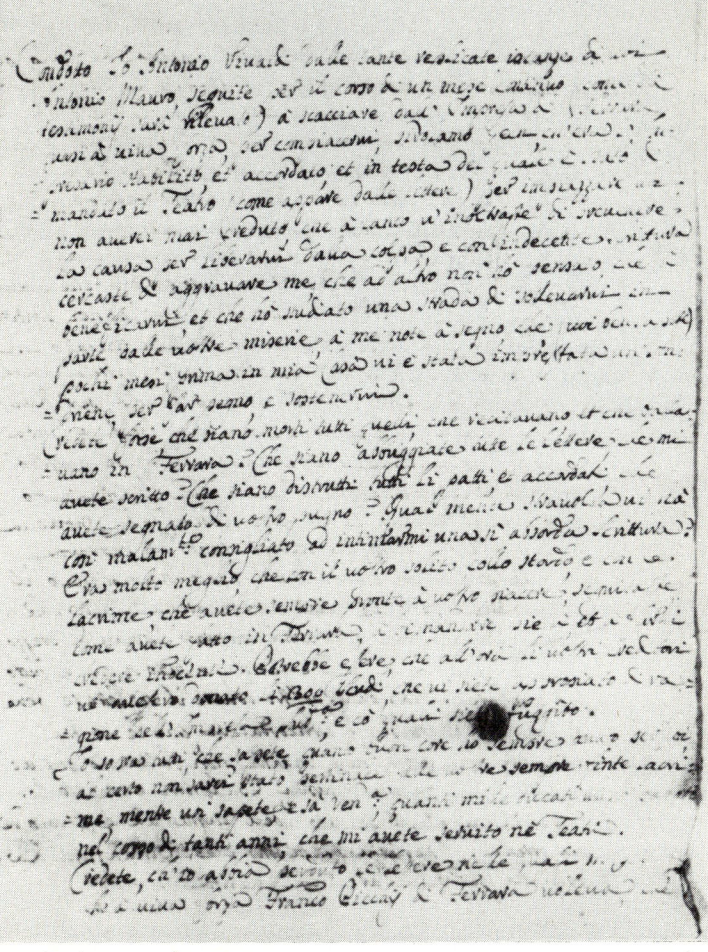

Kurfürst Friedrich Christian von Sachsen

1740 fand ein Festkonzert an der Pietà zu Ehren des Kurfürsten Friedrich Christian von Sachsen statt, bei dem wenigstens vier Werke Vivaldis[355] zur Aufführung gelangten.

Wahrscheinlich hatte er damals schon den Entschluß gefaßt, Venedig zu verlassen. Jedenfalls findet sich wenig mehr als einen Monat später folgendes Dokument in den Kassenbüchern des Ospedale: «Angesichts der Notwendigkeit, daß unser Orchester Konzerte für Orgel oder andere Instrumente behält, damit das genannte Orchester seinen Ruf bewahren kann, wenn der Ehrwürdige Vivaldi aus dieser Stadt fortgehen wird; und da es sich ergibt, daß dieser eine gewisse Menge an Concerti vorrätig hat, scheint es erforderlich zu sein, diese aufzukaufen.»[356]

Bis zum Ende August verkauft Vivaldi (zu immer niedrigeren Preisen; wo sind die Zeiten dahin, da er eine Guinee pro Concerto erwarten konnte!) einen ganzen Stoß von Werken an die Pietà, gibt seine Wohnung in der Calle Sant'Antonio auf und kehrt – vermutlich Anfang September – Venedig für immer den Rücken, um seine letzte Reise anzutreten.

Die Sinfonien und Concerti
für verschiedene Instrumente

In dem Dokument über Vivaldis Wiederbestallung als «Maestro de concerti» der Pietà vom August 1735 heißt es ausdrücklich, er habe die «ospealiere» «in allen Instrumenten zu unterweisen, die sie spielen»[331]; ergänzend dazu sei hier nochmals an den Bericht Charles de Brosses' erinnert: «... sie spielen Violine, Flöte, Orgel, Oboe, Violoncello, Fagott – kurz: kein Instrument ist so groß, daß es ihnen angst machen würde.»[160] Angesichts der Concerti des «prete rosso» für die genannten Instrumente scheint diese Aufzählung nicht ganz willkürlich zu sein: neben den mehr als 300 für eine oder mehrere Violinen sind es 15 für Querflöte, 2 für Blockflöte, 3 für Flautino und eines für 2 Querflöten; 8 Concerti mit konzertierender Orgel; 20 für Oboe und 3 für 2 Oboen; 27 für Violoncello und eines für 2 Celli; 39 für Fagott; hinzu kommt rund ein halbes hundert von Concerti, in denen diese Instrumente untereinander oder mit anderen solistisch kombiniert sind.[357]

Vivaldi: Concerto RV 454

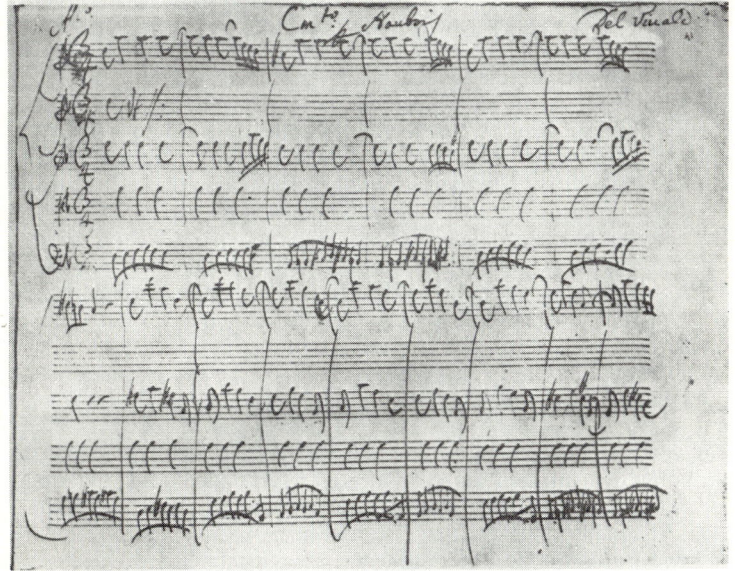

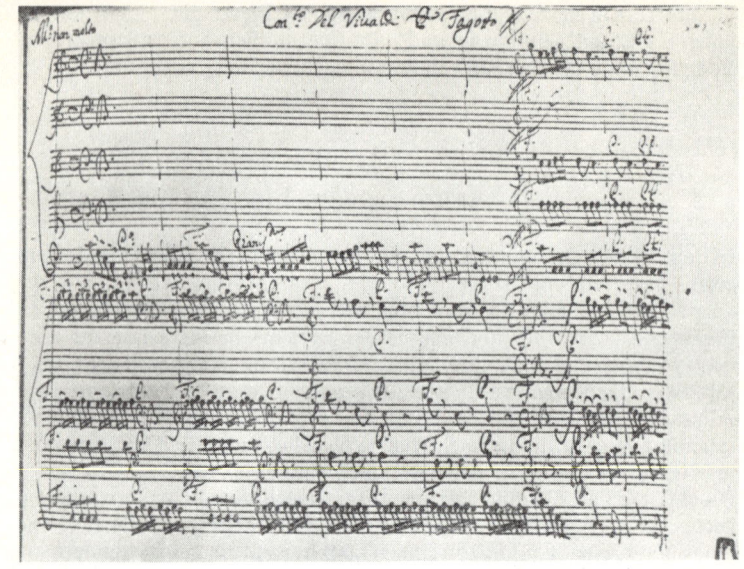

Vivaldi: Concerto RV 475

Wahrscheinlich hat Vivaldi nicht alle diese Instrumente selbst beherrscht, und er war auch nicht die einzige Lehrkraft des jeweiligen Fachs am Ospedale. Gerade an «Maestri di Aboè» scheint ein großer Bedarf bestanden zu haben – die Kassenbücher verzeichnen mehrere Lehrer, die zeitweise sogar parallel unterrichteten: 1703 Ignazio Rion, im Jahr darauf Onofrio Penati, Oboist der Capella Ducale, 1707 Ludovico Erd(t)-man(n), 1713 Ignazio Siber (der ab 1728 auch als «Maestro di flauto traverso» fungierte).[358] Die Vielzahl von Lehrkräften für dieses Instrument ist allerdings nicht weiter erstaunlich: bereits gegen Ende des 17. Jahrhunderts hatte sich die Oboe, die bisher im Schatten der Trompete stand, als Soloinstrument «emanzipiert», nicht zuletzt wegen ihres fast vokalen Timbres, wie es auch Mattheson erwähnt: «Die Hautbois kommen, nach der Flute Allemande, der Menschen-Stimme wol am nähesten, wenn sie manierlich und nach der Sing-Art tractirt werden, wozu ein großer Habitus und sonderlich die gantze Wissenschaft der Singe-Kunst gehöret.»[359]

Einen solchen «großen Habitus» scheinen die Oboistinnen der Pietà in der Tat gehabt zu haben; Vivaldis Concerti für dieses Instrument sind zum Teil von erstaunlicher Virtuosität, stets aber innerhalb der dem damals noch unvollkommenen Bau der Oboe entsprechenden Grenzen: so vermeidet er durchweg das Cis der eingestrichenen Oktave, dessen Intonation zwangsläufig unsauber war. Zwei der bemerkenswertesten Kompositionen Vivaldis für die Oboe[360] sind allerdings nicht für die Pietà entstanden, sondern für Antonio Besozzi, ein herausragendes Mitglied der Dresdner Hofkapelle.

Die Datierung der Concerti für Oboe ist nahezu unmöglich; einige – darunter vermutlich auch die für zwei Oboen, die wohl für den Vortrag durch Lehrer und Schüler(in) gedacht waren – scheinen bereits 1709 bis 1712 entstanden zu sein, bei anderen weisen stilkritische Untersuchungen auf eine Entstehungszeit nach 1723 hin.[361] Jedenfalls war Vivaldi kaum der erste noch der einzige Komponist, der das Instrument solistisch einsetzte; so enthalten die 1715 veröffentlichten «Concerti à cinque» Opus 7 von Tomaso Albinoni gleich acht Concerti für Oboe. Doch zwischen diesen und entsprechenden Werken Vivaldis läßt sich ein grundlegender Unterschied feststellen: während Albinoni, ganz dem Gebrauch der Zeit entsprechend, die Oboe ausgesprochen «vokal» und lyrisch einsetzt, überträgt der «prete rosso» – vor allem in den schnellen Ecksätzen – Spieltechniken der Violine auf das Blasinstrument: Läufe, Arpeggien und spezifisch geigerische Sprünge. Einige seiner Oboenkonzerte sind sogar Alternativfassungen früherer Concerti für Violine[362], bei anderen handelt es sich um originale Concerti *für Fagott, eingerichtet für Oboe*[363]. Vielleicht ein Beweis dafür, daß die Oboe – trotz des relativ umfangreichen Schaffens Vivaldis für das Instrument – keinen besonderen Stellenwert im Interesse des Komponisten einnahm.

Ganz anders das Fagott, für das er – nach der Violine – die meisten Solokonzerte geschrieben hat. Es gab zwar schon Mitte des 17. Jahrhunderts vereinzelt Sololiteratur für das Instrument – etwa von Giovanni Antonio Bortoli –, doch im konzertanten Bereich war es zu Vivaldis Zeit noch fast ausschließlich auf die Continuo-Funktion beschränkt. Sowohl quantitativ wie qualitativ hat der «prete rosso» hier wahre Pionierarbeit geleistet. Anders als in den deutlich von der Violin-Technik beeinflußten Concerti für Oboe zeigen die für Fagott eine ganz eigenständige, dem Instrument überaus gemäße Behandlung des Soloparts; dabei stößt Vivaldi in dem Gebrauch von Trillern, Staccatogängen und Sprüngen oft an die Grenzen der spieltechnischen Möglichkeiten seiner Zeit, in der das Fagott immerhin nur über zwei Hilfsklappen verfügte.

Stilistisch bilden die Fagottkonzerte eine eigene Gruppe, die sich maßgeblich von den meisten anderen Concerti unterscheidet: die strenge Gliederung in Solo- und Ripieno-Abschnitte wird häufig durchbrochen, das Tutti bekommt größere Selbständigkeit, die Melodiebildung zeigt bereits Merkmale des «galanten» Stils der Vorklassik, die Sequenzen gehen oft über das Prinzip der Motivreihung hinaus – Kriterien, die auf eine relativ späte Entstehungszeit hinzuweisen scheinen.[364] In einem Fall wird dies durch ein weiteres Indiz gestützt: Die Arie *Scocca dardi l'altero sui ciglio* der 1735 uraufgeführten *Griselda* ist teilweise mit dem Kopfsatz eines Fagottkonzerts in C-Dur[365] identisch. Obwohl die meisten der Concerti für die «ospealiere» entstanden sein dürften, sind auch hier zwei Ausnahmen bekannt: eines ist dem *Mar*[quis] *de Marzin* gewidmet und wird also wohl für ein Mitglied seiner Kapelle komponiert worden sein[366], ein anderes trägt die (später gestrichene) Widmung *per Gioseppino*

Biancardi[367] – möglicherweise ein Verwandter jenes als Domenico Lalli berühmt gewordenen Abenteurers Sebastiano Biancardi.

Leichter fällt die ungefähre Datierung der Flötenkonzerte Vivaldis. Seine Begegnung mit Quantz im Jahre 1726 stellt eine Art Achse dar, die die Blockflöten- von den Traversflötenkonzerten trennt. Für die «Concerti a Flauto traverso» gilt in großen Zügen dasselbe wie für die Oboenkonzerte: bei zahlreichen Werken handelt es sich um Bearbeitungen älterer Kammerkonzerte, die Vivaldi möglicherweise auf Bitten seines Verlegers vornahm; als Le Cène um 1728 das Opus X veröffentlichte, konnte er einen großen Absatz erwarten, denn «damals waren solche Stücke, die ausdrücklich für die [Quer]Flöte gesetzt waren, noch sehr rar; die Flötenspieler mußten sich also so gut helfen, als sie konnten, und Hoboen oder Violinsachen für ihr Instrument einzurichten suchen»[368]. Auch an der Pietà setzte sich die Traversflöte nur zögernd gegen die Blockflöte durch: erst 1728 hielt man es für erforderlich, einen Lehrmeister für dieses Instrument einzustellen, den bereits erwähnten Ignazio Siber. Vivaldi entsprach mit seinen Flötenkonzerten eher einem äußeren Zwang als einem inneren Bedürfnis: die Solopartien sind deutlich von seinen Erfahrungen als «Maestro di violino» geprägt, wenngleich er die Klangfarbe des Instruments – vor allem in den Opern und den «Concerti per molti stromenti» – durchaus geschickt einzusetzen verstand.

Lange Zeit war die Forschung der Ansicht, die ungewöhnlich große Zahl von Cellokonzerten Vivaldis sei eine Folge seiner Ernennung zum «Maestro di Violoncello» im Februar 1720 gewesen. Inzwischen weiß man nun, daß es damals um Antonio Vandini ging, der im Januar 1722 von Bernardo Aliprandi abgelöst wurde; zwischen 1728 und 1750 blieb die Position vakant, dann trat Antonio Martinelli in den Dienst der Pietà.[369] Dennoch ist es durchaus möglich, daß auch Vivaldi den «ospealiere» Cellounterricht erteilte, zumindest vorübergehend – etwa vor 1720 oder auch nach 1735. Jedenfalls hat er sich nachweislich schon sehr früh für das Instrument interessiert, und seine ersten Concerti sind wohl noch vor der Veröffentlichung des *Estro Armonico* entstanden, allerdings nicht für die Pietà.

In der Musikbibliothek des Grafen Rudolf Franz Erwein von Schönborn zu Wiesentheid (Unterfranken) befinden sich neben anderen Werken Vivaldis auch acht Concerti und drei Sonaten für Violoncello.[370] Der Graf war selbst ein passionierter Cellist und unterhielt eine lebhafte Korrespondenz mit dem venezianischen Kaufmann Regaznig, um über ihn stets neue Werke zu erhalten; am 15. Juli 1712 erhielt Regaznig den Auftrag, «ein Dutzend der neuesten Concerti von Vivaldi, Lotti und Polaroli» zu besorgen.[371] Die sogenannten Wiesentheid-Konzerte bezeugen, daß Regaznig alsbald dem Wunsch des Grafen entsprach; die relativ einfache Behandlung des Soloparts «in den Grenzen dessen, was einem gut ausgebildeten Liebhaber des Instruments noch zugänglich war»[372], läßt vermuten, daß Vivaldi diese Concerti *expresse* für den Auftraggeber komponiert hat, vielleicht noch, bevor an der Pietà überhaupt Bedarf an solistischer Celloliteratur bestand.

Obwohl sich das Instrument damals erst allmählich aus der untergeord-
neten Rolle des Continuos zu befreien und gegen die Viola da gamba
durchzusetzen begann, konnte Vivaldi auf zahlreiche Vorbilder und An-
regungen zurückgreifen. Vor allem in Bologna hatte sich bereits in der
zweiten Hälfte des 17. Jahrhunderts ein regelrechtes Zentrum entwickelt,
aus dem bedeutende Cellisten (die ihr Instrument natürlich auch mit
Kompositionen bedachten) hervorgingen. Werke wie Domenico Gabriel-
lis «Ricercari» (1689) oder Giuseppe Maria Jacchinis «Concerti per camera con Violoncello obligato» op. IV (1701) dürfte auch Vivaldi gekannt
haben. Jacchini «ist auch der einzig, so es auf diesem instrument so weit
gebracht hat und ist deswegen in ganz italien berühmt», notierte Herr von
Uffenbach 1715 in sein Reisetagebuch.[373]

Man kann de Brosses' Erstaunen verstehen, unter den «ospealiere»
Mädchen zu finden, die das Violoncello – gemessen an manchen Partituren Vivaldis – mit großer Sicherheit und Virtuosität zu spielen verstanden; denn «das Solospielen ist auf diesem Instrumente eben nicht eine so
gar leichte Sache», wie Quantz schreibt. «Wer sich hierinne hervorthun
will, der muß von der Natur mit solchen Fingern versehen seyn, die lang
sind, und starke Nerven haben, um weit aus einander greifen zu können.»[374] Spieltechnisch verlangt Vivaldi von seinen Interpreten alle Raffi-
nessen: Staccatopassagen, Legatospiel über mehrere Saiten und Lagen,
Wurfbogen und sichere Intonation bis hinauf in die zweigestrichene
Oktave.

Auch für die Viola d'amore hat Vivaldi mehr Solokonzerte hinterlassen
als irgendein anderer Komponist seiner Zeit: acht Werke[375], von denen er
drei nachträglich auch für Violine eingerichtet hat.[376] Wenn man davon
ausgeht, daß es sich bei der «Viola all'inglese», die Vivaldi seit wenigstens
1704 an der Pietà unterrichtet hat, um eine andere Bezeichnung oder Ab-
art der Viola d'amore handelt[377], so erstreckt sich seine Beschäftigung mit
diesem Instrument über einen bemerkenswert langen Zeitraum; denn
noch in dem Konzert zu Ehren des sächsischen Kurfürsten im März 1740
gelangte eines der Concerti zur Aufführung, und zwar das in d-moll für
Viola d'amore und Laute.[378] (Hatte der hohe Gast vielleicht seinen Kam-
mermusikus Silvius Leopold Weiß im Gefolge, den berühmtesten Laute-
nisten seiner Zeit?) Vivaldi hat das sechssaitige Instrument, das durch
mitschwingende Aliquotsaiten sein spezifisches Timbre erhält, auch in
mehreren Vokalwerken effektvoll solistisch eingesetzt.

*Ich bitte Eure Exzellenz die Güte zu haben und mich wissen zu lassen,
ob Sie sich noch mit der Mandoline vergnügen*[379], fragt Vivaldi den Marchese Bentivoglio in einem Brief vom 26. Dezember 1736; vermutlich war
es also Bentivoglio, für den der «prete rosso» seine beiden Concerti für
ein und zwei Mandolinen[380] komponiert hat. Daß das Instrument allerdings auch an der Pietà geläufig war, beweist unter anderem seine solistische Verwendung in der *Juditha triumphans*.

Die musikalische Geschichtsschreibung vertritt oft die These, «Instrumentation» habe es erst seit der Epoche der Klassik gegeben. Wie unsin-
nig diese Justierung ist, beweisen nicht zuletzt die «Concerti con molti

strumenti» Vivaldis. In der Kombination verschiedener Solo- und Tutti-Instrumente (oft im Sinne eines «Spaltklangs»: gezupft, geblasen und gestrichen) beweist der «prete rosso» ein ausgeprägtes Feingefühl für Klangfarben und -effekte und scheut sich nicht, auch zu seiner Zeit noch ungewöhnliche Instrumente zum Einsatz zu bringen. Besonders bemerkenswert ist hier die Verwendung von Klarinetten in drei Werken[381], war man doch lange davon ausgegangen, dieses Instrument habe damals noch gar nicht existiert; eine Verwechslung ist indes ausgeschlossen. In den Partituren für Instrumente von stark unterschiedlicher Klangintensität – etwa zwei Theorben und zwei Trompeten[382] – gelingt es Vivaldi hervorragend, das akustische Gleichgewicht zu wahren und dabei die Kontrastmöglichkeiten bis ins letzte auszunutzen.

Der ausgesprochen festliche Charakter dieser groß besetzten Concerti läßt vermuten, daß sie für besondere Anlässe komponiert wurden, und vielleicht nicht unbedingt für die Pietà. So trägt eines der Werke den Vermerk *Per l'orchestra di Dresda*[383], und auch andere Partituren sind durch die Dresdner Musiksammlung überliefert; zu ihnen gehört auch das ungewöhnlich reich besetzte Concerto in C-Dur[384] für jeweils zwei Violinen *in Tromba Marina,* Blockflöten, Trompeten, Mandolinen, Salmoèn (Schalmeien), Theorben, ein Violoncello, Streicher und Basso continuo.

Gegenüber diesen groß besetzten Werken stellen die 23 Kammerkonzerte Vivaldis – Concerti für mehrere Soloinstrumente mit bloßer Continuo-Begleitung[385] – sozusagen das andere Extrem dar. Sie waren kaum für die Pietà bestimmt, sondern für das Musizieren im kleinen Kreis, wie es an den Höfen und in den Palazzi des Adels gang und gäbe war. Auffällig ist die häufige Verwendung von Block- und Querflöten – nur in zwei Werken verzichtet Vivaldi auf diese Instrumente. Eine Reihe dieser Concerti ist zweifellos in Mantua für den Hof des Landgrafen Philipp entstanden, andere (vor allem jene, die der «prete rosso» später als Traversflötenkonzerte bearbeitete) dürften unter dem Einfluß von Quantz komponiert worden sein. Das Concerto D-Dur für Laute und zwei Violinen[386] ist – ebenso wie die beiden Triosonaten C-Dur und g-moll für Violine, Laute und Continuo[387] – dem Grafen Johann Joseph (oder seinem Bruder Johann Wenceslaus) Wrt(t)by gewidmet, möglicherweise ein böhmischer Adliger. Für die anderen Werke lassen sich weder Entstehungszeit noch -anlaß bestimmen.

Schließlich sind noch 61 – teils als Concerto, seltener als Sinfonia bezeichnete – Werke Vivaldis für Streicher und Continuo bekannt[388], die größtenteils dem dreisätzigen Modell des «Concerto à quattro» entsprechen. Es war dies eine typisch italienische Gattung, wie ein Brief Charles de Brosses' vom August 1739 beweist: «Sie haben hier eine Art von Musik, die wir in Frankreich nicht kennen ... Es handelt sich um große Concerti ohne Solovioline.»[389] Vivaldi hat die Formidee des solistischen Concertos auf diese «Concerti ripieni» weitgehend genau übertragen; an Stelle des Wechsels von Solo und Tutti erscheint nun die Alternanz gleicher Ritornelle und wechselnder Zwischenspiele, die zunehmend an Eigenständigkeit gewinnen. Die Vielfalt des musikalischen Materials und seiner Verarbeitung ist auch hier erstaunlich; als besonders eindrucksvolles Beispiel sei auf den langsamen Satz (*Andante*) einer Sinfonia in F-Dur[390] hingewiesen, dessen Chromatik weit über das musikalische Idiom der Zeit hinausweist. Eine ganze Reihe dieser Concerti und Sinfonien mag auch (oder eigentlich) als Ouvertüre zu Opern Vivaldis gedient haben.

«Gibt es einen Vivaldistil?» lautet der Titel eines Aufsatzes des Vivaldi-Forschers Walter Kolneder.[391] Wenn ja, läßt sich die Einteilung in sieben Schaffensperioden, wie sie Jean-Pierre Demoulin versucht hat[392], rechtfertigen? Immer wieder hat Vivaldi auf Einflüsse von außen reagiert, auf die stilistischen Strömungen seiner Zeit; in anderer Hinsicht ist er selbst stilbildend gewesen, ebensogut für den «lombardischen Geschmack» wie für das Formmodell des Concertos. Ist es da noch möglich, in ihm den typischen Repräsentanten (nur) des venezianischen Barocks zu sehen? Der Einfluß Vivaldis auf die Entwicklung der europäischen Musik ist bisher fast nur am Beispiel Johann Sebastian Bachs untersucht worden; es wird zu den wichtigsten Aufgaben künftiger Forschungen gehören, solchen Querverbindungen des «prete rosso» auch zu anderen Meistern seiner Zeit – bis hin zur Mannheimer Schule – nachzugehen.

«Einen» Vivaldi-Stil gibt es sicherlich nicht, aber es lassen sich doch bestimmte stilbildende Elemente in seinen Werken nachweisen, die sich zu einem spezifischen musikalischen Idiom summieren. Alle Eigenarten, die im Verlauf dieses Buches an Hand einzelner Werke aufgezeigt worden sind, lassen sich auch in zahllosen anderen Partituren Vivaldis beobachten; die bislang ausführlichste und wertvollste Untersuchung solcher Stilkonkordanzen hat Peter Ryom mit seinem Buch «Les Manuscrits de Vivaldi»[393] geleistet. Diese Untersuchung gibt auch – soweit es angesichts der überaus spärlichen Dokumente überhaupt möglich ist – Aufschluß über Vivaldis Arbeitsweise und die (oft sehr komplizierte) Genese seiner Partituren und zeigt, wie sorgfältig der Komponist bei aller Schnelligkeit der Niederschrift den Text seiner Werke bedacht und ausgeführt hat. Die Leichtigkeit oder sogar Oberflächlichkeit, die man ihm bisweilen nachgesagt hat (und immer noch nachsagt), beruht jedenfalls auf einem dringend revisionsbedürftigen Fehlurteil.

Epilog – Tod (1741) und Renaissance

Als Vivaldi 1740 alle Brücken hinter sich abbrach, um Venedig zu verlassen, war er 62 Jahre alt. Von seinem einstigen Ruhm war nur mehr ein Schatten geblieben, neue Namen und Moden hatten ihn verdrängt. Es war vielleicht nicht einmal sein freier Entschluß gewesen, die Stellung an der Pietà aufzugeben; seit 1739 stand die Verwaltung in Verhandlungen mit Giorgio Massari und Jacopo Marieschi, um Ospedale und Kirche wesentlich umzubauen.[394] Die zu erwartenden hohen Kosten mögen den Gedanken nahegelegt haben, den Lehrkörper des Instituts auf ein Mindestmaß einzuschränken – eine ganze Reihe von Stellen blieb in den Jahren zwischen etwa 1740 und 1745 vakant.[395] In jedem Fall scheint Vivaldi nur noch den Ausweg einer Flucht nach vorn gesehen zu haben, die Hoffnung, andernorts die Anerkennung zu finden, die ihm Venedig mehr und mehr versagte.

Die Trennung von seiner Vaterstadt ist ihm sicher nicht leicht gefallen; aber auch Vivaldi wird erkannt haben, daß die ehemals so stolze «Serenissima» auf immer unsichereren Säulen stand. Nach dem extrem harten Winter, der 1739/40 ganz Europa heimgesucht hatte, befand sich die venezianische Wirtschaft in einer tiefen Krise; aus der Provinz wurden Hungersnöte und Revolten gemeldet, überall stiegen die Preise, und Lebensmittel wurden schließlich so knapp, daß ein totales Ausfuhrverbot erlassen und Getreide importiert werden mußte[396] – für viele Chronisten der Anfang vom Ende der Republik. Vivaldi verließ ein sinkendes Schiff.

Das genaue Datum seiner Abreise ist nicht bekannt. Das letzte Dokument (über den Verkauf von Concerti), das ihn in Venedig nachweist, ist vom 29. August[397], und er wird die Republik wohl unmittelbar danach verlassen haben, um noch vor Einbruch der kalten Jahreszeit sein Reiseziel zu erreichen: Wien.

Wien, wo Vivaldi wenige Jahre zuvor doch offenbar in seinen Bemühungen um eine Anstellung gescheitert war? Welche Hoffnung kann ihn an den Habsburger Hof zurückgetrieben haben? Wußte er nicht in Johann Joseph Fux einen – mittelbaren oder unmittelbaren – Widersacher im höchsten Amt der kaiserlichen Kapelle? Doch seit 1730 hatte sich einiges verändert: Fux war mittlerweile 80 Jahre alt und konnte seinen Pflichten nur noch sporadisch nachkommen; er starb am 13. Februar 1741. Zu seinem Nachfolger wurde Luca Antonio Predieri ernannt. Auch er komponierte zwar überwiegend in dem von Fux verfochtenen «stile osservato»

Palestrinas, dürfte aber auf Grund seiner italienischen Herkunft und Aus-
bildung Vivaldi gegenüber aufgeschlossener gewesen sein als der Autor
des «Gradus ad Parnassum». Predieri leitete die Hofkapelle bereits seit
Ende der dreißiger Jahre, und unter diesen Voraussetzungen standen die
Chancen für eine Aufnahme des Komponisten in die Hofkapelle
Karls VI. deutlich besser als ein Jahrzehnt zuvor.

Über Vivaldis Reiseroute wissen wir so gut wie nichts; aller Wahr-
scheinlichkeit nach hat er in Graz Station gemacht, wo 1739 und 1740 zwei
seiner Opern[398] erfolgreich aufgeführt worden waren. Bei beiden hatte
Anna Girò mitgewirkt (die ihren Mentor auch auf dieser letzten Reise
begleitete[399]), und vielleicht bestanden über sie Verbindungen zu wichtigen Persönlichkeiten der Stadt, die Vivaldi weiterhelfen sollten.

Wenn er tatsächlich seine Hoffnungen auf eine Anstellung in Wien gesetzt hatte, muß ihn die Nachricht vom plötzlichen Tod des Kaisers (am
20. Oktober 1740) wie ein Schlag getroffen haben. Nur er hätte ihn in
Dienst nehmen können – nun aber war alle Aussicht verloren, zumal der
Österreichische Erbfolgekrieg ganz andere Prioritäten als die der Hofkapelle setzte.

Die Krankheit, die Vivaldi mehrfach selbst erwähnt und die ihn vermutlich seit frühester Kindheit belastet hat, ist von Roger-Claude Travers
als Bronchialasthma identifiziert worden. Asthmaanfälle sind nachweislich stark psychosomatisch bedingt, und so ist es durchaus möglich, daß
der Tod Karls VI. den Komponisten in eine schwere Gesundheitskrise
gestürzt hat. Entweder befand er sich damals bereits in Wien, oder er ist –
wohin sonst sollte er sich wenden? – wenig später dort angekommen, wo
er bei der Witwe eines Sattlers, Maria Agatha Waller (oder Wahler), am
Kärntnertor Unterkunft fand.[400]

Ospedale della Pietà. Entwurf von Giorgio Massari

Adì 26 Giugno 1741 Vienna

Ho ricevuto Io sotto Ungari dodeci dal Secretario di Conte di Calalto per tanta Musica Val. ——— Ung. 12

Io Ant. Vivaldi affermo quanto sopra mano propria

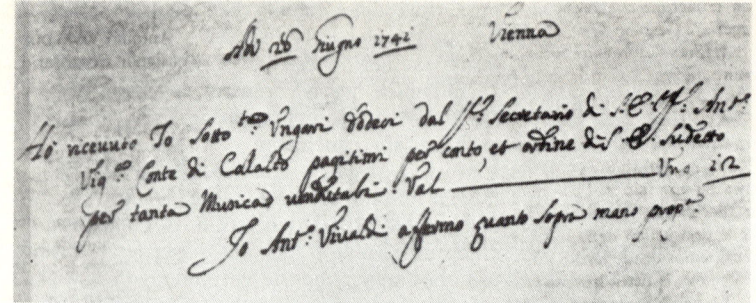

Wien, 26. Juni 1741: Empfangsquittung über 12 ungarische Gulden. Das letzte Dokument von der Hand Vivaldis

Der «Spitaller Gottsacker» zu Wien. Stich von Salomon Kleiner, 1737

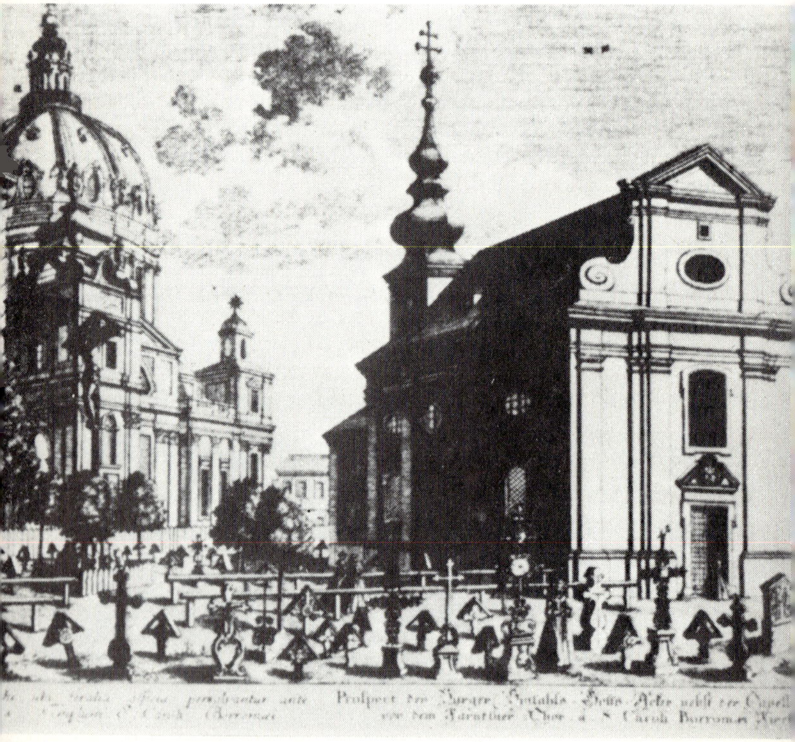

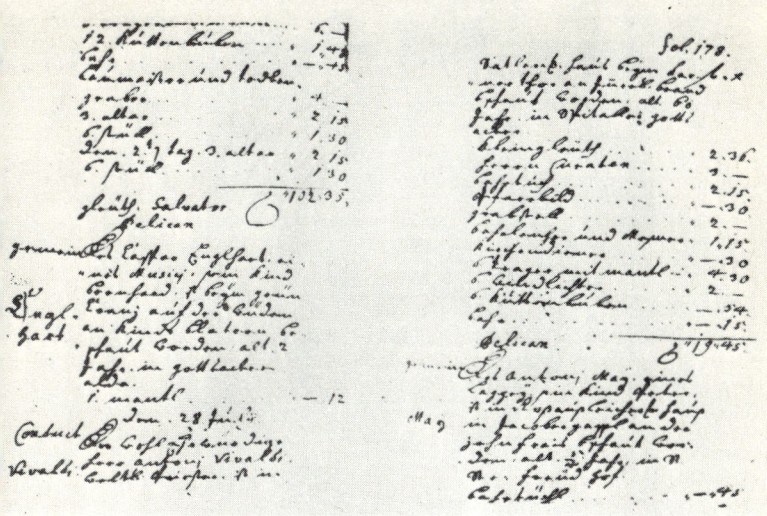

*Eintragung des Todes Vivaldis im Totenbuch des Dom-
und Metropolitanpfarramtes St. Stephan zu Wien*

Schon bald muß sich materielle Not eingestellt haben: die für die Reise
ersparten Mittel gingen zur Neige, Aufführungen waren nicht zu erwarten, und nur der Verkauf von Partituren konnte ein Existenzminimum
sichern. Eine Empfangsquittung über 12 ungarische Gulden *per tanta Musica*[401], die Vivaldi dem böhmischen Grafen Vinciguerra von Collalto am
26. Juni 1741 ausgestellt hat, ist das letzte Dokument von der Hand des
Komponisten.

Sollte dieses Geld zur Weiterreise dienen? Wollte Vivaldi nach Prag,
nach Dresden oder am Ende gar nach Venedig zurück? War es die Krankheit, die ihn daran hinderte? Hatte ihn womöglich der sächsische Kurfürst
bei seinem Besuch an der Pietà im März 1740 an seinen Hof eingeladen?

Am 28. Juli 1741 starb Antonio Vivaldi in Wien und wurde am selben
Tag mit «Kleingeleuth»[402] – mit einem Armenbegräbnis – auf dem Spitaller Gottsacker beigesetzt. Als Todesursache wurde «Innerer Brand»[403]
festgestellt. Anna Girò kehrte nach Venedig zurück und ist dort nach 1750
gestorben.[404]

1741, das Todesjahr Vivaldis, ist auch das Jahr der Gründung des Wiener Burgtheaters. Im Zuge des Erbfolgekriegs Maria Theresias gegen
Frankreich, Spanien, Preußen und Bayern wird Prag von den Truppen
der Allianz eingenommen. In Rußland besteigt Elisabeth, eine Tochter
Peters des Großen, den Zarenthron, nachdem Iwan VI. durch eine Palast-
revolution gestürzt wurde. Es ist das Geburtsjahr des französischen Bild-

Graf Giacomo Durazzo

hauers Jean-Antoine Houdon und das Todesjahr des Seeoffiziers Vitus Bering. Christoph Willibald Gluck schreibt seine erste Oper, «Artaserse», und Johann Joachim Quantz wird von Friedrich II. zum Hofkomponisten ernannt, Georg Friedrich Händel komponiert den «Messias».

Antonio Vivaldi ist vergessen.

Vereinzelt findet man noch in den folgenden Jahren Spuren seines Schaffens. So nimmt ihn William Hayes 1753 gegen den Vorwurf des Organisten Charles Avison in Schutz, Vivaldis Werke seien «nur als kindischer Zeitvertreib»[405] tauglich. Aber solche Dokumente sind selten. Erste Ansätze zu einer Vivaldi-Renaissance gab dann (in der zweiten Hälfte des 19. Jahrhunderts) die Wiederentdeckung Johann Sebastian Bachs. Zumindest durch die Bearbeitungen des Thomaskantors[406] schien der «prete rosso» der Nachwelt erhalten geblieben zu sein – aber auch nur durch diese.

Die eigentliche Renaissance Vivaldis begann erst 1926 und gehört zu den spannendsten Abenteuern der musikalischen Archäologie: im Herbst dieses Jahres 1926 erbat der Rektor eines verarmten Salesianer-klosters im Piemont von der Turiner Nationalbibliothek ein Gutachten über eine Musikaliensammlung, die umständehalber veräußert werden sollte. Die Sammlung stammte aus dem Nachlaß der Genueser Familie Durazzo und war in der zweiten Hälfte des 18. Jahrhunderts von dem Grafen Giacomo Durazzo angelegt worden. (Es ist derselbe Durazzo, der seit 1749 als Gesandter Genuas in Wien residierte und dort Gluck und dessen Librettisten Calzabigi in ihren Bemühungen um eine Opernre-form unterstützte, und der 1765 als österreichischer Gesandter nach Ve-nedig ging und sechs Jahre später den jungen Mozart protegierte; in Ve-nedig hat Durazzo wohl auch große Teile seiner Sammlung von der Pietà erworben.) Der italienische Musikforscher Alberto Gentili, der diesen Bestand begutachtete, machte eine spektakuläre Entdeckung: unter den 97 Bänden befanden sich vierzehn mit bisher unbekannten Kompositio-nen Antonio Vivaldis! Mit der Hilfe des Turiner Finanziers Roberto Foà konnte die Turiner Nationalbibliothek die Sammlung erwerben.

Doch Gentili hatte auch festgestellt, daß diese Bände nur den Teil einer tatsächlich viel größeren Sammlung darstellten, die vermutlich irgend-wann unter den Erben aufgeteilt worden war. Ein fieberhaftes Suchen nach der zweiten Hälfte begann, das 1927 schließlich von Erfolg gekrönt war: die restlichen Bände befanden sich im Besitz des Marchese Giuseppe Maria Durazzo, des letzten Überlebenden der Familie. Nach langwieri-gen Verhandlungen willigte dieser 1930 schließlich ein, die Manuskripte zu verkaufen. Und wieder konnte ein Mäzen gefunden werden, der Turi-ner Textilfabrikant Filippo Giordano.

So war innerhalb weniger Jahre – und nahezu zwei Jahrhunderte nach seinem Tod – Antonio Vivaldi aus der Anonymität des Vergessens wieder aufgetaucht. Die Sammlungen Foà und Giordano der Biblioteca Nazio-nale di Torino bilden die Basis eines fast jährlich anwachsenden Reper-toires, das den «prete rosso» als eine der herausragenden Gestalten der Musikgeschichte des 18. Jahrhunderts dokumentiert.

Anmerkungen

1 63 II, cap. 30
2 Totenbuch des Dom- und Metropolitanpfarramtes St. Stephan zu
Wien [Tomo XXII, fol. 63]
3 151
4 Libro de'battesimi S. Giovanni in
Bràgora
5 140; 157; 159
6 106, S. 89 ff.; 185, S. 240 ff.
7 271
8 285
9 7, S. 114
10 Tomo V, fol. 213
11 161
12 251, Nr. 45 [1. November]
13 vgl. S. 119
14 56, 64 u. a.
15 MGG XIII, Sp. 1372; 77, S. 53 ff.
16 64 [dt.], S. 81
17 «Venetia, mundi splendor»
18 MGG X, Sp. 1139 ff.; 85
19 vgl. 52 u. a.
20 Alfred Einstein, zit. nach MGG
XIII, Sp. 1376
21 RV 581–585
22 vgl. 77, S. 215 ff.
23 64 [dt.], S. 508
24 ibid.
25 ibid., S. 512 f.
26 ibid., S. 424 [datiert 1658]
27 ibid., S. 431
28 ibid., S. 449
29 Archivio storico della Curia Patriarcale di Venezia [ACP], Ma-
trimonia forensium, Reg. 29.5.
1675–29. 12. 1676, c. 346; zit. nach
101, S. 33 f.
30 vgl. 160, Annexe B, S. 7
31 Mehrere Quellen geben irrtümlich
den 6. August 1676 an; Kolneder
(in 95) datiert sogar die Eheschlie-
ßung auf den 6. August 1677 und
erklärt die schwächliche Konstitu-

tion des Säuglings als die eines Sie-
benmonatskindes
32 = Anm. 29
33 zur Identität Giuseppe [Iseppo]
Vivaldis vgl. 103, S. 61 ff. Vgl.
auch 103 a, S. 84, 103 b, S. 91
34 = Anm. 4
35 112 [Giazotto beruft sich auf
das Ms. Ital. Class. VII/481
der Biblioteca Marciana di Ve-
nezia]
36 = Anm. 4
37 159; zit. nach 95, S. 97 [16. 11.
1737]
38 Ms. Ital. Class. VII/2447 (10056),
fol. 3 ff. der Biblioteca Marciana di
Venezia
39 ACP Procuratori [...] San Marco,
Reg. 148, c. 59
40 ibid., «con hordinaria proviggione
de ducati quindeci all' anno»
41 Goldoni [271] u. a.
42 77 II, S. 61
43 RV Anh. 29
44 RV Anh. 31
45 vgl. 34, S. 448
46 77 II, S. 62
47 Archivio di Stato di Venezia
[ASV], Procuratia di Supra, Reg.
37; vgl. 102, S. 53 ff.
48 ACP, Registro delle Sacre Ordinazioni, fol. 231 ff.
49 vgl. 160, Annexe B, S. 7 f.
50 58, S. 255 und S. 264 f.
51 ASV, Rubriche dell'Ospedale dei
Mendicanti [datiert 22. 7. 1689]
52 siehe Plan S. 20/21
53 ACP, Legitimatum Registro
1693–1696, c. 3; zit. nach 101,
S. 32
54 ACP, Registro delle Sacre Ordinazioni, fol. 130 f.
55 = Anm. 48, Anm. 54 u. f.

56 142, S. 29; vgl. aber 160, Annexe B, S. 8
57 = Anm. 48; fol. 163 f.
58 = Anm. 48; fol. 205 ff.
59 = Anm. 48; fol. 231 ff.
60 = Anm. 48; fol. 314
61 = Anm. 48; fol. 380 f.
62 = Anm. 48; fol. 463 f.
63 vgl. 112, S. 20 f.; 108, S. 43
64 83 I, S. 177
65 RV 61–67, 69, 73, 75, 78–79
66 3, Sp. 736 f.
67 158
68 147, S. 117
69 4, S. 413 [nach Paul-Louis Roualle de Boisgelou: Table biographique des auteurs et compositeurs. Ms. in der Bibliothèque Nationale (Paris) Rés. Vm 8.22]
70 6, S. 368 f.
71 = Anm. 37
72 64 III, S. 80
73 vgl. 114, S. 14
74 = Anm. 37
75 vgl. 160; 103, S. 52 ff.
76 149, Quaderno di cassa, Reg. 999, fol. 30
77 102, S. 31
78 Wahrscheinlich gelangte auch die [verschollene] Serenata «L'-Unione della pace e di Marte» [RV 694] zur Aufführung
79 Octobre 1727, S. 2326 f.
80 RV 622
81 siehe Werkverzeichnis [RV 586–648]
82 RV Anh. 20– Anh. 38
83 149, Busta 689, Not.H, fol. 136–136v
84 RV 729; für alle weiteren im Text erwähnten Opern, siehe Werkverzeichnis
85 149, Busta 690, Not. I, fol. 172 f.
86 35
87 RV 586
88 RV 592
89 RV 588 und 591
90 77 II
91 RV 593–611, wobei das «Magnificat» RV 610 in drei Fassungen vorliegt
92 vgl. 24
93 Pier[o] Zeno an den Grafen Daniele Florio d'Udine; zit. nach 142, S. 142
94 RV 606
95 RV 643; für alle weiteren im Text erwähnten Oratorien, siehe Werkverzeichnis
96 Biblioteca del Conservatorio di Santa Cecilia (Rom)
97 RV 623–642, wobei «Jubilate o amoeni chori» in zwei Fassungen vorliegt
98 RV 638 und 641
99 35, S. 144
100 162, S. 69 f.
101 vgl. 21
102 in ÖMZ 1966; vgl. auch 106, S. 123 ff.
103 RV 587, 593–594, 597, 602–603, 609, 610 a und 616
104 vgl. 52, S. 322 f.
105 Vivaldi hat die Namen der Sängerinnen handschriftlich vermerkt: Marg[arit]a, *Julietta, Fortunata und Chiaretta*
106 149, Busta 689, Not. I, fol. 88 v
107 149, Busta 692, Not. R, fol. 57 v
108 vgl. Anm. 105
109 vgl. 106, S. 25 ff. u. a.
110 279
111 vgl. 199
112 vgl. 106, S. 135 f.
113 ibid., S. 136
114 Cassettis Libretto wurde [1757] von Gaetano Latilla ein zweites Mal für die Pietà vertont
115 vgl. 106, S. 137 f.
116 69 I, S. 99
117 vgl. 34, S. 436
118 z. Bsp. in RV 587, 594 und 597
119 z. Bsp. in RV 588, 589 und 591
120 RV Anh. 23
121 RV 269 und 428
122 RV Anh. 35
123 RV 491
124 siehe Werkverzeichnis
125 vgl. 104, S. 75 ff.
126 69 I, S. 99 f.
127 Ms Torino, Foà XXXII, fol. 349
128 69 I, S. 79
129 64 [dt.], S. 468; vgl. auch Denis Diderot: «La Religieuse»
130 149, Busta 687, Not. C, fol. 141
131 261 I, S. 238
132 ibid.
133 zit. nach 269, S. 113
134 53, S. 326
135 64 [dt.], S. 468 f.
136 Baron de Pöllnitz: Lettres, Neuausgabe London 1747, II S. 120

137 58, S. 730
138 64 III, S. 78
139 = Anm. 37
140 Jean-Jacques Rousseau: Confessions II/7, Genf 1782
141 261 I, S. 238
142 69 I, S. 79
143 149, Busta 688, Not. G, fol. 102 v
144 In dem entsprechenden Dokument [Anm. 145] ist Vivaldi irrtümlich als «Maestro di coro» denominiert
145 149, Reg. 999, fol. 316
146 149, Busta 698, Reg. 999
147 149, Reg. 999, fol. 330
148 Aus dem Jahre 1765 existiert eine Inventarliste der Pietà [149, Busta 693, Not. S, fol. 7 v]; vgl. 106, S. 109
149 62 VIII, S. 204
150 149, Reg. 999
151 Vorwort zu Opus III
152 58, S. 520
153 64 [dt.], S. 430
154 Ein gutes Beispiel dafür sind die Drucke, die John Walsh von Werken Vivaldis veröffentlichte; vgl. 300; 35, S. 172 f. u. a.
155 ASV Inquisitori di Stato, Busta 601
156 zit. nach 112, S. 105; Giazotto beruft sich – ohne Nachweis – auf eine zeitgenössische Quelle
157 Widmung zu Opus II
158 149, Busta 687, Not. H, fol. 48
159 149, Busta 690, Not. L, fol. 18 v und fol. 26
160 261 I, S. 238
161 ibid.
162 290, S. 33
163 248, S. 42
164 149, Busta 689, Not. H, fol. 182 v
165 vgl. 101, S. 40
166 59
167 63; zit. nach 106, S. 90
168 285, S. 67
169 ibid., S. 69
170 [Anonym]: Mémoires pour servir à l'histoire de la musique vocale et instrumentale. Mercure de France Juni 1738; zit. nach 17 I, S. 69
171 272
172 147, S. 118
173 276, S. 189
174 RV 2, 6, 19, 25, 29, 172, 205, 237, 242, 314 und 340; vgl. 21

175 262 I
176 Franz Benda: Autobiographie 1763 [Neue Berliner Musikzeitung X/32]
177 vgl. 17, S. 79
178 261 II, S. 304
179 3, Sp. 737
180 158
181 siehe Werkverzeichnis
182 Edward Holdsworth an Charles Jennens [Venedig, 13. 2. 1733]; zit. nach 106, S. 71
183 285
184 vgl. 106, S. 32
185 287 XVIII, § 33–40 [S. 295–300]
186 RV 212; vgl. 21, S. 102 f.
187 RV 179, 212, 219, 292, 340, 507 und 562 (dessen Kadenz möglicherweise zu RV 212 gehört; vgl. 35, S. 168)
188 zit. nach Ms Torino, Giordano XXIX, fol. 236
189 287 XV, § 2 [S. 152]
190 vgl. 241 u. a.
191 RV 243, 343, 348, 391 und 583
192 RV 243
193 RV 343
194 RV 286, 773 und 774; möglicherweise ist auch das Concerto für Violine und Orgel «Per Sig. ra Anna Maria» [RV Anh. 76] von Vivaldi; vgl. 35, S. 171
195 RV 331; vgl. 34, S. 152
196 RV 190 und 233; vgl. ibid.
197 z. Bsp. RV 316 a [= Op. IV/6]
198 RV 221, 311 und 313; vgl. 34, S. 152
199 «La primavera» RV 269, «L'estate» RV 315, «L'autunno» RV 293 und «L'inverno» RV 297
200 Mercure de France, Februar 1728, S. 386
201 Mercure de France, Dezember 1730, S. 2758: «Le Roi demanda ensuite qu'on jouât le Printemps de Vivaldi [...]»
202 vgl. 292, S. 440 u. a.
203 Bibliothèque Nationale (Paris) Rés. F. 902
204 angezeigt im Mercure de France, August 1779, S. 94
205 vgl. 34, S. 139 u. a.; für alle vorher genannten Werke: siehe Werkverzeichnis
206 RV 270; vgl. 34, S. 159
207 64 [dt.], S. 511

208 RV 340 und 237
209 vgl. 17, S. 67
210 RV 60, 68, 70–71, 72 [= Op. V/6], 74, 76 [= Op. V/5] und 77
211 zit. nach 35, S. 173
212 RV 2, 6, 25 und 29
213 RV 2/205
214 RV 754–760
215 siehe Anm. 147
216 149, Busta 689
217 vgl. 106, S. 183 f.
218 «Il Tigrane» [1715] und «Cambise» [1719]
219 RV 729; für alle weiteren im Text erwähnten Opern, siehe Werkverzeichnis
220 149, Busta 689, Not. I, fol. 88 v
221 vgl. 185, S. 65
222 ibid., S. 67
223 Santi Giovanni e Paolo, San Samuele und San Giovanni Grisostomo
224 86, S. 6
225 64 [dt.], S. 512 und S. 514
226 vgl. 185, S. 85 f.
227 ibid., S. 118
228 140, zit. nach 95, S. 98 [2. 1. 1739]
229 ibid.
230 vgl. 108, S. 56
231 vgl. 114, S. 53; 108, S. 60
232 vgl. 95, S. 112
233 zit. nach 34, S. 278
234 vgl. 185, S. 70 ff.
235 «Tito Manlio» [RV 738] und «[Il] Giustino» [RV 717]
236 Opus IV = RV 383 a, 279, 301, 357, 347, 316 a, 185, 249, 284, 196, 204 und 298
237 285, S. 67
238 vgl. 185, S. 87
239 ibid., S. 87 f.
240 vgl. 105, S. 106
241 149, Busta 690, Not. L, fol. 18 v
242 Opus V = RV 18, 30, 33, 35, 76 und 72; Opus VI = RV 324, 259, 318, 216, 280 und 239; Opus VII = RV 465, 188, 326, 354, 285 a, 374, 464, 299, 373, 294 a, 208 a und 214
243 275, S. 189
244 Die Angabe des Librettos «nel Carnavale dell'anno 1716» meint die Saison, die am 26. Dezember 1716 begann; vgl. 185, S. 100 f.
245 vgl. 95, S. 57 ff.
246 Libretto zu «Tieteberga» [RV 737]
247 zit. nach dem Libretto der «Armida» [RV 699]
248 = Anm. 37
249 vgl. 190 II, S. 249 u. a.
250 Archivio di Stato di Mantova, Busta Gonzaga 2347; zit. nach 106, S. 80
251 Gazetta di Mantova [Nr. 17, 29. 4. 1718]; zit. nach 106, S. 82
252 Archivio di Stato di Mantova, Busta Gonzaga 2347; zit. nach 106, S. 79
253 = Anm. 37
254 ibid.
255 Für wertvolle Gespräche und Hinweise zu dieser Frage sowie für die Datierung danke ich Herrn Manfred Karallus
256 ASV Provedditore alle Pompe, Busta 17, Reg. della parocchia di Sant'Angelo, fol. 13; vgl. 101, S. 48
257 vgl. 108, S. 70
258 Goldoni [271 und 272] erwähnt, Vivaldi «avait élevé et formé pour le chant Mlle Giraud»
259 = Anm. 37
260 ibid.
261 271
262 = Anm. 37
263 261 [Tagebuchnotiz vom 29. 8. 1739]
264 Ms Torino, Foà XXXVII, fol. 172
265 = Anm. 250
266 149, Busta 690, Not. M, fol. 60 v
267 vgl. 105, S. 108 f.; 114, S. 106
268 181
269 Diese Aufschlüsselung verdanken wir den handschriftlichen Eintragungen eines anonymen Zeitgenossen in seinem Exemplar von 181; vgl. 146
270 181
271 69 I, S. 100
272 = Anm. 37
273 ibid.
274 149, Busta 691, Not. N, fol. 179
275 Antonio Capri: Giuseppe Tartini, Mailand 1945, S. 78
276 287 XVIII, § 58 [S. 309]
277 272
278 286, S. 223
279 265 [268]
280 86, S. 11
281 ibid., S. 15
282 3, Sp. 738

283 z. Bsp. RV 329
284 1979; vgl. 185, S. 12ff.
285 vgl. 45, S. 152ff.
286 «Aristide» [RV 698]: ein Akt in zwei Teilen; «La bottega da caffè» [RV Anh. 43]: ein Akt in drei Teilen; «Farnace» [RV 711]: zwei Akte
287 zit. nach 95, S. 117
288 86, S. 25f.
289 RV 134
290 86, S. 25
291 nach 185, S. 41f.
292 zit. nach 34, S. 184
293 vgl. 115, S. 221
294 86, S. 36
295 140; zit. nach 95, S. 97 [23.11.1737]
296 = Anm. 37
297 271
298 86, S. 38f.
299 siehe Werkverzeichnis
300 vgl. 134, S. 198 u. a.
301 RV 690
302 58, S. 764ff.
303 s. S. 24f. und Anm. 78
304 = Anm. 37
305 Widmung der «Adelaide» [RV 695], zit. nach 95, S. 143
306 vgl. 103, S. 61ff.
307 = Anm. 295
308 vgl. 101, S. 58f.
309 vgl. 101, S. 44f.
310 vgl. 115; 142, S. 52
311 265 [268]
312 vgl. 101, S. 58f.
313 RV 426–440
314 RV 433, 439, 428, 435, 434 und 437
315 vgl. 106, S. 31ff.
316 ACP Reg. canonici soppressa parocchia santa Marina [Santa Maria Formosa], Morti, Reg. XI, fol. 113
317 vgl. 160; 103, S. 52ff.
318 265 [268]
319 RV 181a, 345, 334, 263a, 358, 348, 359, 238, 530, 300, 198a und 391
320 s. S. 114f.
321 246, S. 107 und 7, S. 113
322 z. B. RV 134, 158, 120, 565, 292, 152 und zahlreiche kirchenmusikalische Werke
323 = Anm. 37
324 ASV Procuratori de Supra, Chiesa di San Marco, Reg. 153 [Decreti e Terminazioni], fol. 117

325 ASV Dieci Savi alle Decime di Rialto, Reg. 434, fol. 417
326 vgl. 162, S. 66
327 zit. nach ibid., S. 65
328 RV 269, 315, 293, 297, 253, 180, 242, 332, 236/454, 362, 210, 178/449
329 Widmung zu Opus VIII
330 vgl. 162, S. 67
331 149, Busta 691
332 Opus XI = RV 207, 277, 336, 308, 202 und 460; Opus XII = RV 317, 244, 124, 173, 379 und 361
333 RV 54, 56–57, 59, 55 und 58
334 vgl. 35, S. 163 u. a.
335 «Three Celebrated Concertos» [Wright & Young]= RV 383a, 284 und 204; «Select Harmony» [Walsh]= RV 242, 332, 181a, 345, 259, 326, 338, 294a, 324, 299, 208a und 241
336 140; zit. nach 95, S. 95 [29.12.1736]
337 ACP Reg. canonici soppressa parocchia San Salvador, Morti, Reg. XVI fol. 58
338 159; zit. nach 95, S. 95 [3.11.1736]
339 = Anm. 336
340 ibid.
341 159; zit. nach 95, S. 95 [24.11.1736]
342 = Anm. 336
343 ibid.
344 140; zit. nach 95, S. 95 [26.12.1736]
345 = Anm. 336
346 159; zit. nach 95, S. 96 [2.1.1737]
347 = Anm. 37
348 zit. nach 142, S. 191
349 140, S. 47; Brief Bentivoglios an Vivaldi [20.11.1737]
350 159; zit. nach 95, S. 98 [2.1.1739]
351 RV 562a
352 vgl. 185, S. 240ff. u. a.
353 Brief Vivaldis an Mauro [12.3.1739]; zit. nach 185, S. 243
354 261 I, S. 237f.
355 RV 149, 540, 552 und 558
356 149, Busta 692, Not. B, fol. 78v
357 siehe Werkverzeichnis
358 vgl. 106, S. 105
359 278, S. 268
360 die Sonate c-moll für Oboe und Basso continuo [RV 53] und das Concerto F-Dur [RV 455]
361 106, S. 33f.

362 RV 449/178, 454/236 und 460/334
363 RV 447 + 448/470, 450/471, 457/485 und 463/500; vgl. auch 219
364 106, S. 34 f.
365 RV 471; vgl. 34, S. 233 ff.
366 RV 496
367 RV 502
368 263
369 vgl. 106, S. 108 f.
370 die Concerti RV 405, 407, 415, 416, 420, 422, 423 und 547, die Sonaten RV 42 und 46 sowie eine unvollständig überlieferte Sonate A-Dur [RV deest; vgl. 26, S. 186]
371 zit. nach 290, S. 33 f. [15. 6. 1712]
372 115, S. 159
373 285
374 287 XVII, § 12 [S. 217]
375 RV 97, 392–397 und 540
376 RV 393/769, 395 a/770 und 396/768
377 vgl. 17, S. 127 f.; 211; 235
378 RV 540
379 = Anm. 344
380 RV 425 und 532
381 RV 556, 559 und 560
382 RV 558
383 RV 557
384 RV 558
385 RV 87–108 und 751
386 RV 93; für wertvolle Hinweise zur Identifizierung des Grafen Wrt(t)by danke ich Oskar Prinz zu Bentheim
387 RV 82 und 85
388 siehe Werkverzeichnis
389 Brief an Monsieur de Blancey [29. 8. 1739]; zit. nach 115, S. 184
390 RV 137
391 101, S. 9 ff.
392 106, S. 25 ff.
393 34
394 52, S. 313 ff.
395 vgl. 106, S. 108 ff. u. a.
396 58, S. 289 ff.
397 vgl. 10, S. 341; 104, S. 84
398 «Rosmira» [RV 731] und «Catone in Utica» [RV 705]
399 dies wird durch mehrere Dokumente bewiesen; vgl. u. a. 101, S. 45 ff.
400 «Wiener Diarium» [2. August 1741]
401 Brno [Brünn], Moraského Muzea
402 = Anm. 2
403 ibid.
404 vgl. 101, S. 48 ff. u. a.
405 256, S. 39; vgl. auch 273, S. 40
406 siehe Werkverzeichnis

Die Ziffern der Quellennachweise beziehen sich auf die von 1–300 durchnumerierte Bibliographie (S. 143 ff.).

Zeittafel

1678   Antonio Lucio Vivaldi wird in Venedig als Sohn des Geigers Giovanni Battista Vivaldi und seiner Frau Camilla geboren (4. März) und in der Kirche San Giovanni in Bràgora getauft (6. Mai)

1685   Vivaldis Vater wird Mitglied der Capella Ducale di San Marco (23. April)

1689   Vivaldis Vater wird Mitglied des Orchesters des Teatro San Giovanni Grisostomo

1693   Vivaldi bereitet sich auf die Priesterlaufbahn vor und empfängt die Tonsur (18. September) und die erste der niederen Weihen zum Ostiarius (19. September)

1694   Lektor (21. September)

1695   Exorzist (25. Dezember)

1696   Akolyth (21. September); in Mantua wird Anna Girò [Giraud] als Tochter eines französischen Perückenmachers geboren

1699   Subdiakon (4. April)

1700   Diakon (18. September)

1703   Priesterweihe (23. März); sechs Monate lang liest Vivaldi an der Kirche San Giovanni in Oleo die Messe, dann wird er zum «Maestro di violino» am Ospedale della Pietà ernannt (September)

1704   Vivaldi übernimmt an der Pietà auch das Amt eines «Maestro di viola all'inglese» (vor dem 17. August)

1705   Vivaldi hört *wegen einer Krankheit, die mich seit frühester Kindheit belastet* auf, die Messe zu lesen; in Venedig erscheint sein Opus I

1708   König Friedrich IV. von Dänemark und Norwegen besucht ein Konzert Vivaldis an der Pietà (30. Dezember)

1709   In Venedig erscheint Vivaldis Opus II; vorübergehend verliert der Komponist seine Stelle an der Pietà (24. Februar), wird aber wenige Wochen später wieder als «Maestro de concerti» eingestellt

1711   In Amsterdam erscheint Vivaldis Opus III *L'Estro Armonico*

1713   Vivaldi erhält von der Pietà eine einmonatige Beurlaubung, um in Vicenza die Uraufführung seiner ersten Oper *Ottone in villa* vorzubereiten (17. Mai); Ende des Jahres übernimmt er, zunächst inoffiziell, die Nachfolge Santurinis als Impresario des Teatro Sant'Angelo

1714   In Amsterdam erscheint Vivaldis Opus IV *La Stravaganza*

1715   Spätestens seit Anfang des Jahres fungiert Vivaldi offiziell als Impresario des Sant'Angelo; er trifft mit dem Freiherrn von Uffenbach zusammen (März) und übernimmt vorübergehend das Amt Francesco Gasparinis als «Maestro di coro» der Pietà (vor dem 2. Juni)

1716   In Amsterdam erscheinen die Opera V, VI und VII Vivaldis; er verliert vorübergehend seine Stelle an der Pietà (29. März), wird aber zwei Monate

	später als «Maestro di concerti» wieder aufgenommen (24. Mai); Johann Georg Pisendel nimmt bei Vivaldi Violinunterricht und wird dessen Freund
1717	Ende des Jahres verläßt Vivaldi die Pietà, um als Kammerkapellmeister des Landgrafen Philipp von Hessen-Darmstadt an dessen Hof nach Mantua zu gehen
1720	Vivaldi erhält von seinem Dienstherrn unbefristeten Urlaub (3. März) und kehrt nach Venedig zurück, wo er erneut die Position als Impresario des Sant'Angelo übernimmt
1723	Im Januar wird erstmals eine Oper Vivaldis in Rom aufgeführt; Pier Leone Ghezzi fertigt seine Karikatur des Komponisten an; die Pietà ernennt ihn zum externen «Maestro di concerti» (2. Juli)
1724	Vivaldi ist erneut in Rom und spielt unter anderen vor Papst Benedikt XII. (Ende Mai)
1725	In Amsterdam erscheint Vivaldis Opus VIII *Il Cimento dell'Armonia e dell'Inventione*
1726	In Venedig trifft Vivaldi mit Johann Joachim Quantz zusammen
1727	In Amsterdam erscheint Vivaldis Opus IX *La Cetra*
1728	In Amsterdam erscheint Vivaldis Opus X; Tod der Mutter (6. Mai); in Triest trifft Vivaldi mit Kaiser Karl VI. zusammen, der ihn vermutlich nach Wien einlädt (6. September)
1729	In Amsterdam erscheinen Vivaldis Opera XI und XII; Vivaldis Vater erbittet von der Capella Ducale eine einjährige Beurlaubung, um einen seiner Söhne – vermutlich Antonio – nach «Germania» zu begleiten (datiert 30. September); Vivaldi, sein Vater und Anna Girò haben wahrscheinlich schon im Sommer Venedig verlassen, um nach Wien zu gehen
1730	Vivaldi kehrt nach Venedig zurück (April/Mai); wenig später verläßt er die Stadt erneut und geht nach Prag
1731	Ende des Jahres kehrt Vivaldi nach Italien zurück
1733	In Venedig trifft Vivaldi mit Edward Holdsworth zusammen (13. Februar)
1735	Im Frühjahr trifft Vivaldi in Venedig mit Carlo Goldoni zusammen; er wird als «Maestro de concerti» wieder an der Pietà angestellt (5. August)
1736	Tod des Vaters (14. Mai); Beginn des Briefwechsels mit dem Marchese Guido d'Aragona Bentivoglio, der sich bis zum Januar 1739 erstreckt (erster Brief 3. November)
1737	Am 16. November verbietet Kardinal Tommaso Ruffo dem Komponisten, sich nach Ferrara zu begeben
1738	In Amsterdam dirigiert Vivaldi ein großes Festkonzert anläßlich des hundertjährigen Bestehens der Schouwburg (7. Januar); nach Venedig zurückgekehrt, übernimmt der Komponist – wiederum inoffiziell – erneut die Stelle des Impresarios am Sant'Angelo, die er im Sommer 1730 verloren hatte
1739	Im März wird Girolamo Lech zum Impresario des Sant'Angelo bestellt; kurzer Briefwechsel mit Antonio Mauro; der Komponist trifft mit Charles de Brosses zusammen (August); Ferdinand von Bayern besucht ein Konzert Vivaldis an der Pietà (Dezember)
1740	Kurfürst Friedrich Christian von Sachsen besucht ein Konzert Vivaldis an der Pietà (21. März); wenig später beendet der Komponist seinen Dienst am Ospedale (vor dem 29. April) und geht mit Anna Girò nach Wien
1741	Am 28. Juli stirbt Antonio Vivaldi in Wien und wird noch am selben Tag auf dem «Spittaler Gottsacker» beigesetzt

Zeugnisse

Das Besondere an der Musik Vivaldis ... ist ihre Wildheit und Unge-
zwungenheit; und manchmal scheint es fast, als habe er genau das erreichen wollen; einige seiner Kompositionen sind ausdrücklich als «Extrava-
ganzen» bezeichnet, und sie sind es auch tatsächlich in ihrer Melodik und
Modulation; dasselbe gilt auch für eines seiner Concerti [für Violine, RV
335], in dem die Noten des Kuckucksrufes in so feine Verzierungen aufge-
löst sind, daß wohl kein anderer als der Komponist selbst dies zu seiner
Zeit auf irgendeinem Instrumente hätte darzustellen verstanden.

Sir John Hawkins (1776)

Antonio Vivaldi galt im Anfange des vorigen Jahrhunderts für einen der
hervorragendsten Meister der Instrumentalcomposition ... Als überaus
fruchtbarer Tonsetzer hat er sich um die Ausbildung der Concertform ...
thatsächliche Verdienste erworben. Auch schrieb er Concerte für zwei
und drei, ja vier Soloviolinen mit Begleitung, stattete das Orchester durch
Verwendung von Blasinstrumenten reicher aus und war überhaupt auf die
Herstellung neuer Ausdrucksmittel eifrig bedacht. Im Formalen lag seine
Hauptstärke; seine Gedanken sind häufig matt und unbedeutend, zuwei-
len jedoch auch freurig und ausdrucksvoll.

Philipp Spitta (1873/80)

Vivaldi ... wurde durch seine elegante Schreibweise ... das Vorbild seiner und der späteren Zeit.

Robert Eitner (1904)

Vor allem aber wird man Vivaldi dankbar dafür sein müssen, daß er auf
unmittelbarste Weise ein Schöpfer, ein «Dichter» war ... In den Konzerten mit Werken vergangener Jahrhunderte bleibt dem Zuhörer oft keine
andere mögliche Haltung als die historischer Bewunderung, die der
Langeweile nahe verwandt ist ... Nichts davon bei Vivaldi ... Man fragt
sich nicht mehr, ob es sich um «alte Musik» handelt oder nicht: die Musik,
die ihren Komponisten überlebt hat, ist einfach da, und sie hat seine Vita-
lität und Kraft bewahrt.

Marc Pincherle (1948)

Vivaldi wird sehr überschätzt, ein langweiliger Mensch, der ein und das-selbe Konzert sechshundertmal hintereinander komponieren konnte.

Igor Strawinsky (1959)

Es gibt zwei Vivaldis: der eine «alla moda», der den Theatern, die sich zu seiner Zeit nur von neuen Werken ernährten, Oper auf Oper liefert, der andere bizarr, originell und von einer Fruchtbarkeit, die durch die Zwänge des Alltags nicht beeinträchtigt wurde ... Wie alle Innovatoren ist der «prete rosso» zeitlos, sein Stil war der seiner Epoche und hat doch den nahezu der gesamten Musik des 18. Jahrhunderts geprägt. Nicht in galanten Menuetten oder altgewohnten Giguen, sondern mit neuen Rhythmen und unerwarteten Formen des Ausdrucks ... Ich stelle mir den «prete rosso» vor ... das Ohr an die Geige gepreßt, um besser zu hören, um das Vergnügen zu haben, gemeinsam mit seinem Instrument zu schwingen, ohne daran zu denken, daß diese Musik, die aus ihm kommt, seine Gefährtin sein wird.

Gian Francesco Malipiero (1966)

... daß Vivaldi jedoch für die spätere Musik Gestaltungs- und Ausdrucks-mittel vorgebildet, in seinem Streben nach individueller Aussage vielfach schon die Sprache einer neuen Zeit gesprochen hat, wird für seine ge-schichtliche Wirkung von kaum geringerer Bedeutung gewesen sein. Er gehörte nicht nur zu den großen universalen Künstlern seiner Zeit, son-dern auch zu den bedeutendsten Anregern des Jahrhunderts.

Rudolf Eller (1966)

Werkverzeichnis

Das nachstehende Verzeichnis sämtlicher Werke Antonio Vivaldis (Stand 1982) folgt im wesentlichen dem von Peter Ryom [RV].

Abkürzungen

A	Alt (Solo)	s	Sopran (Chor)
a	Alt (Chor)	Sl	Salmoè [Schalmei]
B	Baß (Solo)	Str	Streicher
b	Baß (Chor)	T	Tenor (Solo)
Bfl	Blockflöte	t	Tenor (Chor)
Cemb	Cembalo	Tfl	Traversflöte
Fg	Fagott	Th	Theorbe
Hrn	Horn	Tp	Trompete
Kl	Klarinette	Vc	Violoncello
Lt	Laute	Vl	Violine
Mand	Mandoline	Vla	Viola
Ob	Oboe	Vla all'ing	Viola all'inglese
Org	Orgel		
Pkn	Pauken	Vla d'am	Viola d'amore
S	Sopran (Solo)		

I. Instrumentalwerke

A. Werke für ein Instrument und Basso continuo

1. Sonaten für Violine und Basso continuo

♪ 1	C	[Op. II/6]	15	d		28	g		
2	C	«per Pisendel»	756	Es		757	g		
3	C		♪16	e	[Op. II/9]	29	A	«per Pisendel»	
4	C	[Fragment]	17	e	[Fragment]	30	A	[Op. V/2]	
754	C		17a	e	[3. Satz anders]	♪31	A	[Op. II/2]	
5	c		18	F	[Op. V/1]	758	A	[früher 746]	
6	c	«per Pisendel»	19	F	«per Pisendel»	♪ 32	a	[Op. II/12]	
7	c	[Fragment]	♪20	F	[Op. II/4]	33	B	[Op. V/3]	
♪ 8	c	[Op. II/7]	♪21	f	[Op. II/10]	34	B		
♪ 9	D	[Op. II/11]	22	G		759	B		
10	D		♪23	G	[Op. II/8]	35	h	[Op. V/4]	
11	D	[Fragment]	24	G		♪36	h	[Op. II/5]	
755	D		25	G	«per Pisendel»	37	h	[Fragment]	
12	d		776	G		760	h		
13	d		26	g					
♪14	d	[Op. II/3]	♪27	g	[Op. II/1]				

2. Sonaten für Violoncello und Basso continuo

38	d	[verschollen]	42	g	46*	B
39	Es		43*	a	47*	B
40*	e		44	a		[*1740 in Paris von Le-
41*	F		45*	B		Clerc veröffentlicht]

3. Sonaten für Traversflöte und Basso continuo

48	C		50	e
49	d		51	g

4. Sonate(n) für Blockflöte und Basso continuo
52   F

5. Sonate(n) für Oboe und Basso continuo
53   c

6. Sonates pour la musette, vièle, flûte, hautbois, violon avec la basse continue
   Op. XIII, apokryph]

54	C	[Op. XIII/1]	56	C	[Op. XIII/2]	58	g	[Op. XIII/6]
55	C	[Op. XIII/5]	57	G	[Op. XIII/3]	59	A	[Op. XIII/4]

B. Werke für zwei Instrumente und Basso continuo

1. Sonaten für zwei Violinen und Basso continuo

60	C		66	E	[Op. I/4]	73	g	[Op. I/1]
61	C	[Op. I/3]	67	e	[Op. I/2]	74	g	
62	D	[Op. I/6]	68	F		75	A	[Op. I/9]
63	d	«Follia» [Op. I/12]	69	F	[Op. I/5]	76	B	[Op. V/5]
			70	F		77	B	
64	d	[Op. I/8]	71	G		78	B	[Op. I/10]
65	Es	[Op. I/7]	72	g	[Op. V/6]	79	h	[Op. I/11]

2. Sonate(n) für zwei Traversflöten und Basso continuo
80   G

3. Sonate(n) für zwei Oboen und Basso continuo
81   g

4. Sonaten und Trios für zwei verschiedene Instrumente und Basso continuo

82	C	[Trio]: Vl, Lt
83	c	[Sonata]: Vl, Vc
84	D	[o. B.]: Tfl, Vl *(pastorale)*
85	g	[Trio]: Vl, Lt
86	a	[Sonata]: Bfl, Fg

C. Werke für mehr als zwei Instrumente und Basso continuo

(1.) Konzerte für verschiedene Instrumente und Basso continuo

87	C	:Bfl, Ob, 2 Vl	89	D	:Tfl, 2 Vl			dellino» = 428
88	C	:Tfl, Ob, Vl, Fg	90	D	:Tfl (Vl), Ob (Vl), Vl, Fg	91	D	:Tfl, Vl, Fg
779	C	:Vl, Ob, Org, Sl ad lib.			(Vc) «Il Gar-	92	D	:Bfl, Vl, Fg (Vc)

131

93	D	:Lt, 2 Vl			Hrn, 2 Ob, Fg	102	G	:Tfl, 2 Vl
94	D	:Bfl, Ob, Vl, Fg	98	F	:Tfl, Ob, Vl, Fg	103	g	:Bfl, Ob, Fg
95	D	:Bfl (Vl), Ob (Vl), Vl, Fg «La Pastorella»			«La Tempesta di mare» = 433 und 570	104	g	:Tfl (Vl), 2 Vl, Fg «La Notte» = 439
751	D	:2 Tfl, 2 Vl, 2 Fg [verschollen]	99	F	:Tfl, Ob, Vl, Fg = 571	105	g	:Bfl, Ob, Vl, Fg
96	d	:Tfl, Vl, Fg	100	F	:Tfl, Vl, Fg	106	g	:Tfl (Vl), Vl, Fg (Vc)
97	F	:Vla d'am, 2	101	G	:Bfl, Ob, Vl, Fg = 437	107	g	:Tfl, Ob, Vl, Fg
						108	a	:Bfl, 2 Vl

D. Werke für Streicher und Basso continuo

(1.) Konzerte, Sinfonien und Sonaten für Streicher und Basso continuo

109	C	[Conc.]	128	d	[Conc.]	150	G	
110	C	[Conc.]	129	d	«Concerto madrigalesco»	151	G	«Concerto alla rustica»
111	C	[Conc.]	130	Es	«Suonata al Santo Sepolcro»	152	g	[Conc. rip.]
111a	C	[2. Satz anders] = Sinfonia zu 717	131	E	[Sinf.]	153	g	[Conc.]
112	C	[Sinf.]	132	E	[Sinf.]	154	g	[Conc.]
113	C	[Conc.]	133	e	[Conc.]	155	g	[Conc.]
114	C	[Conc.]	134	e	[Sinf./Conc.]	156	g	[Conc.]
115	C	[Conc. rip.]	135	F	[Sinf.]	157	g	[Conc.]
116	C	[Sinf.]	136	F	[Conc.]	158	A	[Conc. rip.]
117	C	[Conc.] = Sinfonia zu 693	137	F	[Sinf.]	159	A	[Conc.]
118	c	[Conc.]	138	F	[Conc.]	160	A	[Conc.]
119	c	[Conc.]	139	F	[Conc.] = 543	161	a	[Conc.]
120	c	[Conc.]	140	F	[Sinf./Conc.]	162	B	[Sinf.]
121	D	[Conc.]	141	F	[Conc.]	163	B	[Con.] «Conca»
122	D	[Sinf.]	142	F	[Conc.]	164	B	[Conc.]
123	D	[Conc.]	143	f	[Conc.]	165	B	[Conc.]
124	D	[Conc.] Op. XII/3	144	G	[«Introdutione»]	166	B	[Conc.]
125	D	[Sinf.] [Fragment]	145	G	[Conc.]	167	B	[Conc.]
126	D	[Conc.]	146	G	[Conc./Sinf.]	168	h	[Sinf.]
786	D	[Sinf.][Fragment]	147	G	[Sinf.]	169	h	«Sinfonia al Santo Sepolcro»
127	d	[Conc.]	(148	G	[Sinf.] A. Gallo)			
			149	G	[Sinf.]			

E. Werke für ein Instrument, Streicher und Basso continuo

1. Konzerte für Violine, Streicher und Basso continuo

170	C		178	C	[Op. VIII/12] = 449	184	C	
171	C		179	C	= 581	185	C	[Op. IV/7]
172	C	«per Pisendel»	180	C	«Il piacere» [Op. VIII/6]	186	C	
172a	C	[Fragment] [3. Satz anders]	181	C		187	C	
173	C	[Op. XII/4]	181a	C	[Op. IX/1] [3. Satz aus 183]	188	C	[Op. VII/2]
174	C	[verschollen]				189	C	
175	C		182	C		190	C	
176	C		183	C	(s. 181a)	191	C	
177	C					192	C	[Sinfonia]
						193	C	[verschollen]

No.	Key	Description
194	C	
195	C	
196	c	[Op. IV/10]
197	c	
198	c	
198a	c	[Op. IX/11] [2. Satz anders]
199	c	«Il sospetto»
200	c	[verschollen]
201	c	
202	c	[Op. XI/5]
761	c	
771	c	[Fragment]
203	D	[Fragment]
204	D	[Op. IV/11]
205	D	«per Pisendel»
206	D	
207	D	[Op. XI/1]
208	D	(«Grosso Mogul»)
208a	D	[Op. VII/11] [2. Satz anders]
209	D	
210	D	[Op. VIII/11]
211	D	
212	D	«Per la solennità della S. Lingua di S. Antonio in Padua»
212a	D	[2. Satz anders]
213	D	
214	D	[Op. VII/12]
215	D	
216	D	[Op. VI/4]
217	D	
218	D	
219	D	
220	D	
221	D	
222	D	
223	D	= 762
224	D	
224a	D	[2. Satz anders]
225	D	
226	D	
227	D	
228	D	
229	D	
230	D	[Op. III/9]
231	D	
232	D	
233	D	
234	D	«L'Inquietudine»
752	D	[verschollen]
772	D	[Fragment]
235	d	
236	d	[Op. VIII/9] = 454
237	d	«per Pisendel»
238	d	[Op. IX/8]
239	d	[Op. VI/6]
240	d	
241	d	
242	d	«per Pisendel» [Op. VIII/7]
243	d	
244	d	[Op. XII/2]
245	d	
246	d	
247	d	
248	d	
249	d	[Op. IV/8]
769	d	= 393
770	d	= 395
250	Es	
251	Es	
252	Es	
253	Es	«La Tempesta di mare» [Op. VIII/5]
254	Es	
255	Es	[verschollen]
256	Es	«Il Ritiro»
257	Es	
258	Es	
259	Es	[Op. VI/2]
260	Es	
261	Es	
262	Es	
263	E	
263a	E	[Op. IX/4] [3. Satz aus 762] = 223
264	E	
265	E	[Op. III/12]
266	E	
267	E	
268	E	
269	E	«La Primavera» [Op. VIII/1]
270	E	«Il Riposo» / «Per il Natale»
271	E	«L'Amoroso»
762	E	= 223
(272	e	J. A. Hasse / A. M. Scaccia)
273	e	
274	e	
275	e	
275a	e	[2. Satz anders] = 430
276	e	
277	e	«Il Favorito» [Op. XI/2]
278	e	
279	e	[Op. IV/2]
280	e	[Op. VI/5]
281	e	
282	F	
283	F	
284	F	[Op. IV/9]
285	F	
285a	F	[Op. VII/5] [1. Satz anders]
286	F	«Per la solennità di S. Lorenzo»
287	F	
288	F	
289	F	
290	F	[verschollen]
291	F	[Op. IV/6, bei Walsh]
292	F	
293	F	«L'Autunno» [Op. VIII/3]
294	F	«Il Ritiro»
295a	F	«Il Ritiro» [2. Satz anders] [Op. VII/10]
295	F	
296	F	
773	F	[Fragment]
297	f	«L'Inverno» [Op. VIII/4]
298	G	[Op. IV/12]
299	G	[Op. VII/8]
300	G	[Op. IX/10]
301	G	[Op. IV/3]
302	G	
303	G	
304	G	[verschollen]
305	G	[verschollen]
306	G	
307	G	
308	G	[Op. XI/4]
309	G	«Il mare tempestoso» [verschollen]
310	G	[Op. III/3]
311	G	
312	G	
313	G	
314	G	«per Pisendel»
314a	G	[2. Satz anders]

315	g	«L'Estate» [Op. VIII/2]	340	A	«per Pisendel»	365	B	
316	g	[verschollen]	341	A		366	B	«Il Carbonelli»
316a	g	[Op. IV/6] [3. Satz anders]	342	A		367	B	
			343	A		368	B	
			344	A		369	B	
317	g	[Op. XII/1]	345	A	[Op. IX/2]	370	B	
318	g	[Op. VI/3]	346	A		371	B	
319	g		347	A	[Op. IV/5]	372	B	
320	g	[Fragment]	348	A	[Op. IX/6]	373	B	[Op. VII/9]
321	g		349	A		374	B	[Op. VII/6]
322	g	[Fragment]	350	A		375	B	
323	g		351	A	[verschollen]	376	B	
324	g	[Op. VI/1]	352	A		377	B	
325	g		353	A		378	B	[Fragment]
326	g	[Op. VII/3]	763	A	«L'Ottavina»	379	B	[Op. XII/5]
327	g		768	A	= 396	380	B	
328	g		354	a	[Op. VII/4]	381	B	= 528
329	g		355	a		382	B	
330	g		356	a	[Op. III/6]	383	B	
331	g		357	a	[Op. IV/4]	383a	B	[Op. IV/1] [1. Satz anders]
332	g	[Op. VIII/8]	358	a	[Op. IX/5]			
333	g		359	B	[Op. IX/7]	384	h	
334	g	[Op. IX/3] = 460	360	B	[Fragment]	385	h	
			361	B	[Op. XII/6]	386	h	
335	A	«The Cuckow» = 518	362	B	«La Caccia» [Op. VIII/10]	387	h	
336	A	[Op. XI/3]	363	B	«Il Cornetto da posta»	388	h	
337	A	[verschollen]				389	h	
(338	A	J. Meck)	364	B		390	h	
339	A		364a	B	[2. Satz anders]	391	h	

2. Konzerte für Viola d'amore, Streicher und Basso continuo

392	D		395	d	= 770	397	a	
393	d	= 769	395a	d	[2. Satz anders]			
394	d		396	A	= 768			

3. Konzerte für Violoncello, Streicher und Basso continuo

398	C		407	d		416	g	
399	C		408	Es		417	g	
400	C		409	e		418	a	
401	c		787	e	[Fragment]	419	a	
402	c		410	F		420	a	
403	D		411	F		421	a	
404	D		412	F		422	a	
405	d		413	G		423	B	
406	d	= 481	414	G	= 438	788	B	[Fragment]
			415	G		424	h	

4. Konzert(e) für Mandoline, Streicher und Basso continuo

425	C	

5. Konzerte für Traversflöte, Streicher und Basso continuo

426	D		783	D	[verschollen]			di mare» [Op. X/1] = 98 und 570]
427	D		430	e	= 275a			
428	D	«Il Gardellino» [Op. X/3] = 90	431	e	[Fragment]			
			432	e	[Fragment]	434	F	[Op. X/5] = 442
429	D		433	F	«La tempesta			

134

435 G [Op. X/4]   784 G [verschollen]
436 G   439 g «La Notte»   440 a
437 G [Op. X/6]=   [Op. X/2]
        101   104
438 G =414

6. Konzerte für Blockflöte, Streicher und Basso continuo
441 c   442 F = 434

7. Konzerte für Flautino, Streicher und Basso continuo
443 C   444 C   445 a

8. Konzerte für Oboe, Streicher und Basso continuo
446 C   452 C   459 g [Fragment?]
447 C = 448/470   453 D   460 g [Op. XI/6] =
448 C =447/470 [Ri-   454 d [Op. VIII/9] =   334
        pieni identisch]   236   461 a
449 C [Op. VIII/   455 F   462 a
        12]= 178   456 F   463 a = 500
450 C = 471   457 F = 485   464 B [Op. VII/7]
451 C   458 F   465 B [Op. VII/1]

9. Konzerte für Fagott, Streicher und Basso continuo
466 C   479 C   493 G
467 C   480 c   494 G
468 C [Fragment]   481 d = 406   495 g
469 C   482 d [Fragment] 496 g
470 C =447/448 [Ri-   483 Es   497 a
        pieni identisch]   484 e   498 a
471 C =450   485 F = 457   499 a
472 C   486 F   500 a = 463
473 C   487 F   501 B «La Notte» ≠ 439
474 C   488 F   502 B   Op.XI2
475 C   489 F   503 B
476 C   490 F   504 B
477 C   491 F
478 C   492 G

10. Konzert(e) für Cembalo, Streicher und Basso continuo
780 A =546

F. Werke für zwei Instrumente, Streicher und Basso continuo

1. Konzerte für zwei Violinen, Streicher und Basso continuo
505 C   515 Es   P C   522 a [Op. III/8]
506 C   765 F = 767   523 a
507 C   C 516 G   524 B
508 C   517 g   525 B
509 c   518 A = 335 (2. Satz   526 B [Fragment]
510 c =766   von J. H.   527 B
511 D   Roman)   528 B = 381
512 D   519 A [Op. III/5]   529 B
513 D   520 A [Fragment]   530 B [Op. IX/9]
514 d   521 A   764 B =548

2. Konzert(e) für zwei Violoncelli, Streicher und Basso continuo
531   g

3. Konzert(e) für zwei Mandolinen, Streicher und Basso continuo
532   G

4. Konzert(e) für zwei Traversflöten, Streicher und Basso continuo
533   C

5. Konzerte für zwei Oboen, Streicher und Basso continuo
534   C   535   d   536   a

6.Konzert(e) für zwei Trompeten, Streicher und Basso continuo
537   C   = 780 1 D

7. Konzerte für zwei Hörner, Streicher und Basso continuo
538   F   539   F

8. Konzerte für zwei verschiedene Instrumente, Streicher und Basso continuo

774	C	:Vl, Org	543	F	: Vl, Ob = 139	775	F	:Vl, Org [Fragment]
		[Fragment]	544	F	: Vl, Vc «Il	545	G	:Ob, Fg
766	c	:Vl, Org = 510			Proteo o sia Il	546	A	:Vl, Vc = 780
540	d	:Lt, Vla d'am			mondo al ro-	547	B	: Vl, Vc
541	d	: Vl, Org			vescio» [= 572]	548	B	: Vl, Ob = 764
542	F	: Vl, Org	767	F	: Vl, Org = 765			

G. Werke für mehr als zwei Instrumente, Streicher und Basso continuo

1. Konzerte für mehr als zwei Violinen, Streicher und Basso continuo

549	D	4 Vl [Op. III/1]	552	A	Vl solo und 3 Vl «per eco in lontano»
550	e	4 Vl [Op. III/4]	553	B	4 Vl
551	F	3 Vl			

2. Konzerte für mehr als zwei verschiedene Instrumente, Streicher und Basso
continuo

554   C   : Vl, Ob, Org (Vl)
554a   C   : Vl, Vc, Org (Vl)
555   C   : 3 (2) Vl, Ob, 2 Bfl, 2 Vla all'ing, 2 Sl, 2 Vc, 2 Cemb, 2 Tp
556   C   : 2 Vl, 2 Bfl, 2 Ob, 2 Kl, Fg «Per la solennità di S. Lorenzo»
557   C   : 2 Vl, 2 Ob [im 2. Satz: 2 Bfl, Fg]
558   C   : 2 Vl «in tromba», 2 Bfl, 2 Tp, 2 Mand, 2 Sl, 2 Th, Vc
559   C   : 2 Ob, 2 Kl
560   C   : 2 Ob, 2 Kl
561   C   : Vl, 2 Vc
562   D   : Vl, 2 Ob, 2 Hrn «Per la solennità di S. Lorenzo»
562a   D   : Vl, 2 Ob, 2 Hrn, Pkn [2. Satz anders]
563   D   : Vl, 2 Ob
564   D   : 2 Vl, 2 Vc
564a   D   : 2 Vl, 2 Ob, Fg [apokryph?]
565   d   : 2 Vl, Vc [Op. III/11]
566   d   : 2 Vl, 2 Bfl, 2 Ob
567   F   : 4 Vl, Vc [Op. III/7]
568   F   : Vl, 2 Ob, 2 Hrn, Fg
569   F   : Vl, Vc, 2 Ob, 2 Hrn, Fg

570 F : Tfl, Ob, Fg «La Tempesta di mare» = 98 und 433
571 F : Vl, Vc, 2 Ob, 2 Hrn, Fg = 99
572 F : Vl, Vc, 2 Tfl, 2 Ob, Cemb «Il Proteo o sio Il mondo al rovescio» = 544
573 F : 2 Ob, 2 Hrn, 2 Fg [verschollen]
574 F : Vl, Vc, 2 Ob, 2 «Trombon da caccia», Fg
575 G : 2 Vl, 2 Vc
576 g : Vl, Ob, 2 Bfl, 2 Ob, Fg
577 g : Vl, 2 Ob, 2 Bfl, Fg «Per l'orchestra di Dresda»
578 g : 2 Vl, Vc [Op. III / 2]
579 B : Vl, Ob, 3 Vla all'ing, Sl «Concerto Funebre»
580 h : 4 Vl, Vc [Op. III / 10]

H. Werke für ein oder mehrere Instrumente, zwei Orchester und Basso continuo

1. Konzerte für Violine, zwei Orchester und Basso continuo
581 C «Per la Santissima Assontione di Maria Vergine» = 179
582 D «Per la Sanstissima Assontione di Maria Vergine»
583 B

2. Konzerte für mehrere Instrumente, zwei Orchester und Basso continuo
584 F 1. Orch.: Vl, Org; 2. Orch.: Vl, Org [Fragment?]
585 A 1. Orch.: 2 Vl, Vc, 2 Bfl; 2 Orch.: 2 Vl, Vc, 2 Bfl, Org

II. Vokalwerke
Geistliche Werke auf liturgische Texte

I. Messe(n) und Meßteile

586 C «Sacrum» [vollständige Messe]: SATB, satb; 2 «clarini»
587 g «Kyrie (in due cori)»: 2 satb
588 D «Gloria» [+ «Introduzione» 639/639 a]: SSATB; Ob, 2 Vl, 2 Va, 2 Vc
589 D «Gloria»: SSA, satb; Ob, Tp
590 D «Gloria» [verschollen]
591 e «Credo»: satb
592 G «Credo»: satb

J. Psalmen

593 G «Domine ad adiuvandum me (in due cori)» [Ps. 69]: 2 satb
594 D «Dixit Dominus (in due cori)» [Ps. 109]: SSATB, 2 satb; 2 Ob, 2 Tp
595 D «Dixit Dominus» [Ps. 109]: SA, satb; 2 Ob, Tp
596 C «Confitebor tibi Domine» [Ps. 110]: ATB; Ob
789   «Confitebor primo»
597 C «Beatus vir (in due cori)» [Ps. 111]: A, satb
598 B «Beatus vir» [Ps. 111]: A, satb
599 ? «Beatus [vir]» [Ps. 111]: «a 5 voc» [verschollen]
600 c «Laudate pueri Dominum» [Ps. 112]: S
601 G «Laudate pueri Dominum» [Ps. 112]: S; 2 Ob
602 A «Laudate pueri Dominum (in due cori)» [Ps. 112]: SS; 2 satb; Ob,
         2 Orch, s. 603
602a A [7. Satz anders und 9. Satz mit Fl]

603 A «Laudate pueri Dominum (in due cori)» [Ps. 112]: S, satb; 2 Orch, Bearb. v. 602
604 C «In exitu Israel» [Ps. 113]: satb
605 C «Credidi propter quod» [Ps. 115]: ssatb; 2 Vla
606 d «Laudate Dominum» [Ps. 116]: satb
607 F «Laetatus sum» [Ps. 121]: satb
608 g «Nisi Dominus» [Ps. 126]: A; vla d'am
609 e «Lauda Jerusalem (in due cori)» [Ps. 147]: 2 satb; 2 Orch

K. Biblische Lobgesänge

610 g «Magnificat»: SSAT, satb; 2 Ob
610a g «Magnificat (in due cori)»: ST, satb; 2 Ob / SSA, satb
610b g «Magnifcat»: SSAT, satb [7. Satz anders als in 610]
611 g «Magnificat»: SA, satb [3 Sätze aus 610 sind durch 5 neue Sätze ausgetauscht]

L. Hymnen, Sequenzen und andere liturgische Texte

612 C «Deus tuorum militum» [Hymnus]: AAT; 2 Ob
613 B «Grande Mater Ecclesia» [Hymnus]: S
614 F «Laudate Dominum amnes gentes» [Offertorium]
615 C/c«Regina coeli» [Antiphon]: T; 2 Tp [Fragment]
616 c «Salve Regina (in due cori)» [Antiphon]: A; 2 Fl, 2 Orch
617 F «Salve Regina» [Antiphon]
618 g «Salve Regina (in due cori?)» [Antiphon]: A; 2 Orch
619 ? «Salve [Regina]» [Antiphon]: «a Cant: solo, 2 flauti, violoncello, ciolae & Organo Concert:» [verschollen]
620 C «Sanctorum meritis» [Hymnus]: S
621 f «Stabat Mater» [Sequenz]: A
622 ? «Te Deum» [verschollen]

Geistliche Werke auf nicht-liturgische Texte

M. Motetten

623 A «Canta in prato» = 636: S
624 G «Carae rosae respirate»: S; Vl
625 F «Clarae stellae»: A
626 c «In furore giustissimae irae»: S
627 G «In turbato mare»: S
628 G «Invicti bellate»: A
629 g «Longe mala umbrae terrores» = 640: S
630 E «Nulla in mundo pax»: S
631 Es «O qui coeli terraeque»: S
632 F «Sum in medio tempestatum»: S
633 F «Vestro Principi divino»: A
634 A «Vos aurae per montes»: S

N. «Introduzioni»

635 A «Ascende laeta» [«Dixit»]: S
636 G «Canta in prato» [«Dixit»]: S; 2 Vl, 2 Ob = 623

637 B «Cur sagittas» [«Gloria»]: A
638 c «Filiae mestae» [«Miserere»]: A
639 D «Jubilate o amoeni» [«Gloria» 588]: A
639a D «Jubilate o amoeni» [«Gloria» 588]: S
640 g «Longe mala umbrae terrores» [«Gloria»]: A = 629
641 F «Non in pratis» [«Miserere»]: A
642 D «Ostro in picta» [«Gloria»]: S; Vl, Va

O. Oratorien

643   «Moyses Deus Pharaonis» [verschollen] (?)
644   «Juditha triumphans devicta Holofernes barbarie» (G. Cassetti)
645   «L'Adorazione delli tre re magi» [verschollen] (?)
——   «La vittoria navale» [verschollen]
——   «Il Padre sacrificator della figlia ovvero Jefte» [verschollen] (D. Cana-
         vese)

P. Sonstige geistliche Vokalwerke

646 F   «Ad corda reclina» [«Concertus italicus»], Parodie der Arie «Vedrai nel
         volto ...» aus «Arsilda» [700, II/8]
647 Es «Eja voces plausum date» [«Aria de Sanctis], Parodie der Arie «Benche
         nasconda ...» aus «Orlando furioso» [728, II/2]
648 E   «Ihr Himmel nun» [«Concertus italicus»], Parodie der Arie «Son come
         farfalletta ...» aus «Arsilda» [700, II/12]

Weltliche Werke

Q. Kantaten für eine Stimme und Basso continuo

1. Kantaten für Sopran und Basso continuo

649	«All'ombra d'un bel faggio»	660	«La farfalletta s'aggira»
650	«All'or che lo sguardo»	661	«Nel partir da te mio caro»
651	«Amor hai vinto» [= 683]	662	«Par che tardo»
652	«Aure voi più non siete»	663	«Scherza di fronda»
653	«Del suo natio rigore»	664	«Seben vivono senz'alma»
654	«Elvira, Elvira, anima mia»	665	«Si levi dal pensier»
655	«Era la notte»	666	«Sì Sì luci adorate»
656	«Fonti di pianto»	667	«Sorge vermiglia in ciel»
657	«Geme l'onda che parte»	668	«T'intendo al mio cor»
658	«Il povero mio cor»	669	«Tra l'erbe, i zeffiri»
659	«Indarno cerca la tortorella»	753	«Prendea con man di latte»

2. Kantaten für Alt und Basso continuo

670	«Alla caccia, alla caccia»	674	«Perfidissimo cor»
671	«Care selve amici prati»	675	«Piango, gemo, sospiro»
672	«Filli di gioia»	676	«Pianti, sospiri»
673	«Ingrata Lidia hai vinto»	677	«Qual per ignoto»

R. Kantaten für eine Stimme, Instrumente und Basso continuo

1. Kantaten für Sopran, Instrumente und Basso continuo

678	«All'ombra di sospetto» [Fl]	681	«Perché son molli» [Str]
679	«Che giova il sospirar» [Str]	682	«Vengo a voi, luci adorate» [Str]
680	«Lungi dal vago» [Vl]		

2. Kantaten für Alt, Instrumente und Basso continuo

683	«Amor hai vinto» [Str] = 651	686	«Qual in pioggia dorata»
684	«Cessate omai, cessate» [Str]		[2 «corni da caccia», Str]
685	«O mie porpore più belle» [Str]		

(S. Sonstige weltliche Vokalwerke)

T. Serenaten und sonstige größere Vokalwerke

687 «Gloria [e] Himeneo» [«Dall'eccelsa mia Reggia»]: SA; Str (?)
688 Serenata a 3 «Le gare del dovere» [verschollen] (?)
689 «Le gare della giustizia e della pace» [verschollen] (G. B. Catena)
690 Serenata a 3 [«Mio cor povero cor»]: SST; 2 Hrn, Ob, Fg, Str (?)
691 Egloga pescatoria «Il Mopso» [verschollen] (E. Nonnanuci)
692 Serenata a 4 [«Questa Eurilla gentil»] [verschollen] (?)
693 Serenata a 3 «La Sena festiggiante» [Sinfonia 117] (D. Lalli): SAB; 2 Fl, 2 Ob, Str
694 Serenata a 3 «L'Unione della pace e di Marte» [verschollen] (A. Grossatesta)

U. Opern und Opernakte

695*	«L'Adelaide» (Antonio Salvi)	1735 Verona
Anh. 40	«Alessandro nelle Indie» [J. A. Hasse] (Pietro Metastasio) [I. Akt von Vivaldi bearbeitet]	1736/37 Ferrara
696	«Alvilda regina dei Goti» (Giulio Cesare Corradi, nach Apostolo Zenos «L'Amor generoso») [nur die Arien sind von Vivaldi]	1731 Prag
697*	«Argippo» (Domenico Lalli)	1730 Prag
Anh. 42	«Ariodante» [C. F. Pollarolo] (nach Antonio Salvis «Ginevra» [einige Arien von Vivaldi]	1727 Breslau
698*	«Aristide» (Calindo Grolo = Carlo Goldoni)	1735 Venedig
699	«Armida al Campo d'Egitto» (Giovanni Palazzi)	1718 Venedig, Mantua
699 = 720*	«Gli inganni per vendetta»	1720 Vicenza
		1731 Venedig
		1738 Venedig
700	«Arsilda Regina di Ponto» (Domenico Lalli)	1716 Venedig
706 = 701*	«Artabano Re de'Parti»	1718 Venedig
702	«L'Atenaide» (Apostolo Zeno)	1729 Florenz
Anh. 43	«La Bottega da Caffè» (Carlo Goldoni) [apokryph]	1736 Venedig
703	«Bajazet»/«Tamerlano» (Agostino Piovene) [einige Arien vermutlich von Vivaldi]	1735 Verona
		1748 Florenz
704*	«La Candace, o siano li veri amici» (Francesco Silvani und Domenico Lalli)	1720 Mantua
705	«Catone in Utica» (Pietro Metastasio) [einige Arien von Vivaldi]	1737 Verona
		1739/40 Graz
706*	«La Costanza trionfante degl'Amori e de gl'Odii» (Antonio Marchi)	1716 Venedig
706 = 701	«Artabano Re de Parti»	

706 =	«Tigrane oder die siegende Beständigkeit»	1719 Hamburg
706 =	«L'Artabano»	1725 Mantua
706 =	«L'Odio vinto della Costanza»	1731 Venedig
706 = 708*	Doriclea»	1732 Prag
707*	«Cunegonda» (nach Agostino Piovenes	
	«La principessa fedele»)	1726 Venedig
Anh. 44	«Demetrio» [J. A. Hasse] (Pietro Metastasio)	1737 Ferrara
	[Rezitative und Arien von Vivaldi bearbeitet]	
709	«Dorilla in tempe» (Antonio Maria Lucchini)	1726 Venedig
		1728 Venedig
		1732 Prag
		1734 Venedig
710	«Ercole sul Termodonte» (Giacomo Francesco Bussani)	1723 Rom
711	«[Il] Farnace» (Antonio Maria Lucchini)	1727 Venedig
711 =	Berenice»	1729 Livorno
	«[Il] Farnace»	1730 Prag
		1732 Mantua
		1733 Florenz
		1737 Treviso
		1739 Ferrara, Madrid
		1747 Hamburg
712*	«La Fede tradita e vendicata» (Francesco Silvani)	1726 Venedig
713*	«Feraspe» (Francesco Silvani oder B. Vitturi?)	1739 Venedig
714	«La Fida Ninfa» (Scipione Maffei)	1732 Verona
714 =	«Il giorno felice»	1737 Wien
715*	«Filippo Re di Macedonia» (Domenico Lalli)	1721 Venedig
	[3. Akt von Vivaldi, 1. und 2. Akt von Giuseppe Boniventi]	
716*	«Ginevra Principessa di Scozia» (Antonio Salvi)	1736 Florenz
717	«[Il] Giustino» (Nicolò Berengan und Pietro Pariati)	1724 Rom
718	«[La] Griselda» (Apostolo Zeno und Carlo Goldoni)	1735 Venedig
	[von Vivaldi gänzlich überarbeitetes Pasticcio	1728 Breslau]
719	«L'Incoronazione di Dario» (Adriano Morselli)	1717 Venedig
699 = 720*	«Gli inganni per vendetta»	
721*	«L'inganno trionfante in amore» (Matteo Noris und	
	Giovanni Maria Ruggeri)	1725 Venedig
722*	«Ipermestra» (Antonio Salvi)	1727 Florenz
Anh. 49	«Merope» (Apostolo Zeno) [einige Arien von Vivaldi]	1728 Breslau
723*	«Mo[n]tezuma» (Girolamo Giusti)	1733 Venedig
724*	«Nerone fatto Cesare» (Matteo Noris)	
	[12 Arien von Vivaldi]	1715 Venedig
724 =	«Agrippa»	1719 Venedig
725	«L'Olimpiade» (Pietro Metastasio)	1734 Venedig
726*	«L'Oracolo di Messenia» (nach Apostolo Zenos	
	«Merope»)	1738 Venedig
		1742 Wien
727	«Orlando finto pazzo» (Grazio Braccioli)	1714 Venedig
		1716 Venedig
Anh. 52	«Orlando furioso» [Antonio Bioni, Arien von Vivaldi]	1714 Venedig
	(Grazio Braccioli)	1722 Braunschweig
		1725 Breslau
728	«Orlando [furioso]» (Grazio Braccioli)	1727 Venedig
	[als Pasticcio mit der Musik von Vivaldi u. a.]	1738 Vicenza
		1740 Este
		1741 Bassano
729	«Ottone in villa» (Domenico Lalli)	1713 Vicenza
		1729 Treviso

730*	«Rosilena ed Oronta» (Giovanni Palazzi)		1728 Venedig
731	«Rosmira [fedele]» [«Partenope»?]		
	(Silvio Stampiglia)		1738 Venedig, Klagenfurt
	[einige Arien vermutlich von Vivaldi]		1739/40 Graz
732*	«Scanderbeg» (Antonio Salvi)		1718 Florenz
733*	«Semiramide» (Francesco Silvani)		1732 Mantua, Florenz
734*	«La Silvia» (Enrico Bissarri)		1721 Mailand
735*	«Siroe Re di Persia» (Pietro Metastasio)	1727 Reggio, Braunschweig	
			1738 Ancona
			1739 Ferrara
736	«Teuzzone» (Apostolo Zeno)		1719 Mantua
737*	«Tieteberga» (Antonio Maria Lucchini)		1717 Venedig
Anh. 55	«La Tirannia gastigata» (nach Francesco Silvanis		
	«La fortezza al cimento») [Antonio Guerra, Arien von Vivaldi]		
			1726 Prag
738	«Tito Manlio» (Matteo Noris)		1719 Mantua
738 =	«Tito Manlio» [Pasticcio mit dem 3. Akt von Vivaldi]		1720 Rom
739	«La Verità in cimento» (Giovanni Palazzi)		1720 Venedig
Anh. 58	«Il vinto trionfante del vincitore» (Antonio Marchi)		1717 Venedig
	[Pasticcio, an dem Vivaldi vermutlich mitgewirkt hat]		

Die mit * gekennzeichneten Werke sind ganz oder zu großen Teilen verschollen.

III. Ergänzungen

V. Werke, die nicht eingeordnet werden können

741	C	Sinfonia [verschollen]
742	D	[Fragment], möglicherweise eines Violinkonzerts
743	f	[verschollen], Incipit in Vivaldis handschriftlichem Katalog
744	A	= 768 [Skizze zu einem Violinkonzert]
745	B	3. Satz eines Violinkonzerts, früher irrtümlich zu 378 gezählt
746	B	«Due pezzi per organo» = 1. und 3. Satz von 768
747	D	«Candida Lylia» [verschollen], «Cantata» für Sopran
748	G	«Aria per la cummunione» [verschollen], für Sopran

(W. Werke Antonio Vivaldis in Bearbeitungen Johann Sebastian Bachs)

1. Konzerte für Orgel

BWV 593 = RV 522	BWV 594 = RV 208	BWV 596 = RV 565

2. Konzerte für Cembalo

BWV 972 = RV 230	BWV 975 = RV 316	BWV 978 = RV 310
BWV 973 = RV 299	BWV 976 = RV 265	BWV 980 = RV 381

BWV 974 = RV Anh. 16 [Alessandro Marcello]
BWV 977 = RV Anh. 71 [apokryph]
BWV 979 = RV Anh. 10 [Giuseppe Torelli]

3. Konzert für vier Cembali, Streicher und Basso continuo

BWV 1065 = RV 580

Bibliographie

Zeitschriftensigel und Abkürzungen

ABI	«Accademie e Biblioteche d'Italia»
AfMf	«Archiv für Musikforschung»
AfMw	«Archiv für Musikwissenschaft»
AM	«Acta Musicologica»
AMC	Accademia Musicale Chigiana
Boll	«Bollettino dell'Istituto Italiano Antonio Vivaldi» (Venezia, Fondazione Giorgio Cini)
Diss.	Dissertation
IMG	Internationale Musik-Gesellschaft
JAMS	«Journal of the American Musicological Society»
Jb	Jahrbuch
Kb	Kongreßbericht
Mf	«Die Musikforschung»
MGG	«Die Musik in Geschichte und Gegenwart»
Mw	Musikwissenschaft
MQ	«Musical Quarterly»
NASM	«Note d'Archivio per la Storia Musicale»
NRMI	«Nuova Rivista Musicale Italiana»
NZfM	«Neue Zeitschrift für Musik»
ÖMZ	«Österreichische Musikzeitung»
R	Rivista
RaM	«Rassegna Musicale»
RIdM	«Rivista Italiana di Musicologia»
RMI	«Rivista Musicale Italiana»
SIMG	«Sammelbände der Internationalen Musik-Gesellschaft»
VfM	«Vierteljahresschrift für Musikwissenschaft»
ZIMG	«Zeitschrift der Internationalen Musik-Gesellschaft»

I. Verzeichnisse

1. Werkverzeichnisse

Das nachstehende Register folgt im wesentlichen der von Peter Ryom (in: 36, S. 213 ff.) zusammengestellten chronologischen Übersicht der Vivaldi-Werkverzeichnisse; es enthält alle wesentlichen Quellen, in denen Kompositionen Vivaldis systematisch verzeichnet sind. Soweit diese Quellen weitere Hinweise zu Leben und Werk des Komponisten enthalten, sind sie – unter gleicher Chiffre – in die Abschnitte II bis IV der Bibliographie erneut aufgenommen worden.

1 Antonio Vivaldi: Autographer Katalog (ohne Titel). Ms in der Biblioteca Nazionale di Torino, collezione Foà XXX/fol. 284v

2 Johann Gottfried Walther: Musicalisches Lexicon oder Musicalische Bibliothek. Leipzig 1732

3 Ernst Ludwig Gerber: Historisch-biographisches Lexicon der Tonkünstler II. Leipzig 1792

4 Alexandre-Étienne Choron und François-Joseph Fayolle: Dictionnaire historique des musiciens. Paris 1811

5 Aloys Fuchs: Thematisches Verzeichnis über die Compositionen von Antonio Vivaldi [u. a.] gesamelt von Aloys Fuchs 1839. Ms in der Deutschen Staatsbibliothek Berlin (Ost), Mus.ms.theor. K. 828

6 François-Joseph Fétis: Biographie universelle des musiciens VIII. Paris 1865 (2. Aufl.)

7 Robert Eitner: Biographisch-Bibliographisches Quellen-Lexikon der Musiker und der Musikgelehrten. Leipzig 1904

8 Alberto Bachmann: Les grands violinistes du passé. Paris 1913

9 Wilhelm Altmann: Thematischer Katalog der gedruckten Werke Antonio Vivaldis nebst Angabe der Neuausgaben und Bearbeitungen. In: AfMw IV/ 1922

10 Arcangelo Salvatori: Antonio Vivaldi (il Prete Rosso), note biografiche. In: R mensile della Città di Venezia. Venedig 1928

11 Anonymus: Catalogo dei microfilm di mss. e stampe Vivaldiane esistenti nella Biblioteca dell'AMC. In: Antonio Vivaldi – Note e Documenti sulla vita e sulle opere. Siena/Rom 1939

12 Anonymus [= Olga Rudge]: Opere vocali attribuite a Antonio Vivaldi nella Biblioteca Nazionale di Torino. Ibid.

13 Ulderico Rolandi: Opere ed Oratorii di Antonio Vivaldi. Ibid.

14 Olga Rudge: Catalogo Tematico delle opere strumentali di Antonio Vivaldi esistenti nella Biblioteca Nazionale di Torino. Ibid.

15 Mario Rinaldi: Antonio Vivaldi. Mailand o. D. [1943]

16 Mario Rinaldi: Catalogo Numerico Tematico delle Composizione di Antonio Vivaldi. Rom o. D. [1945] = Rin.

17 Marc Pincherle: Antonio Vivaldi et la musique instrumentale II – Inventaire thématique. Paris 1948 = PV

18 Alfred Loewenberg und Olga Rudge: Antonio Vivaldi – Catalogue of Works. In: Grove's Dictionary of Music and Musicians IX. London 1954 (5. Aufl.)

19 Antonio Fanna: Indice Tematico di 200 opere strumentali. Mailand 1955 = F

20 Hans Rudolf Jung: Die Dresdner Vivaldi-Manuskripte. In: AfMw XII/ 1955

21 Karl Heller: Die deutsche Vivaldi-Überlieferung II – Thematischer Katalog der in deutschen Bibliotheken handschriftlich überlieferten Konzerte und Sinfonien Antonio Vivaldis. Ms Rostock 1965 [vgl. 26]

22 Rudolf Eller: Antonio Vivaldi – Übersicht über die bisher ermittelten Werke. In: MGG XIII, Kassel 1966

23 Antonio Fanna: Antonio Vivaldi – Catalogo Numerico-Tematico delle Opere Strumentali. Mailand 1968 = F/Ric.

24 Piero Damilano: Inventario delle composizione musicali manoscritte di Antonio Vivaldi esistenti presso la Biblioteca Nazionale di Torino. In: RIdM III/ 1, 1968

25 Peter Ryom: Étude critique des catalogues et nouvelles découvertes. In: Vivaldiana I. Brüssel 1969

26 Karl Heller: Die deutsche Überlieferung der Instrumentalwerke Vivaldis. Leipzig 1971 [vgl. 21]

27 Raimund Rügge: Die Kirchenmusik von Antonio Vivaldi. In: Schweizeri-

sche Musikzeitung CXI/3, 1971
28 LENORE CAROL: A Concordance of the Thematic Indexes to the Instrumental Works of Antonio Vivaldi. Ann Arbor 1965, 2. Aufl. 1972
29 ARLAN STONE MARTIN: Vivaldi Violin Concertos – A Handbook. Metuchen (New Jersey) 1972
30 NORIKO OHMURA: A Reference Concordance Table of Vivaldi's Instrumental Works. Tokio 1972
31 PETER RYOM: Antonio Vivaldi – Table de concordances des œuvres. Kopenhagen 1973
32 PETER RYOM: Inventaire de la documentation manuscrite des œuvres de Vivaldi; I. Biblioteca Nazionale di Torino – première partie: le fonds Foà. In: Vivaldi Informations II. Kopenhagen 1973
33 AGOSTINO GIRARD: Catalogo delle opere di Antonio Vivaldi. In: REMO GIAZOTTO: Antonio Vivaldi. Turin 1973
34 PETER RYOM: Les manuscrits de Vivaldi. Kopenhagen 1977
35 PETER RYOM: Verzeichnis der Werke Antonio Vivaldis (kleine Ausgabe). Leipzig 1974 (2. Aufl.) = RV
36 PETER RYOM: Antonio Vivaldi – Catalogue of Works. In: Grove's Dictionary of Music and Musicians XX. London 1980 (6. Aufl.)
37 Vivaldi-Studien. Referate des 3. Dresdner Vivaldi-Kolloquiums; mit einem Katalog der Dresdner Vivaldi-Handschriften und -Frühdrucke. Dresden 1981
37a PETER RYOM: Répertoire des Œuvres d'Antonio Vivaldi, I: Les compositions instrumentales. Kopenhagen 1986 = RV

Da das Werkverzeichnis von PETER RYOM [RV; s. 35 und 37a] mit Abstand das aktuellste und vollständigste ist, werden sämtliche Werke Vivaldis hier nach diesem Verzeichnis zitiert.

2. Marginalien zu den Werkverzeichnissen und Quellen

38 ANTONIO FANNA: A proposito del Catalogo delle Opere di Vivaldi. In: NRMI 1969, S. 1246ff.
39 F. FANO: Una traccia prossima alla prima origine della raccolta di musiche vivaldiane conservata alla Biblioteca Nazionale di Torino. In: Miscellanea di Studi Bessarionei. Padua 1976
40 ALBERTO GENTILI: La raccolta di rarità musicale Mauro Foà alla Biblioteca Nazionale di Torino. In: ABI 1927
41- ALBERTO GENTILI: La raccolta Mauro Foà. In: RMI III/1927
42 ALBERTO GENTILI: La raccolta di antiche musiche Renzo Giordano. In: ABI 1930
43 GABRIELLA GENTILI: Le collezione Foà e Giordano della Biblioteca Nazionale di Torino. In: Vivaldiana I. Brüssel 1969, S. 31ff.
44 WALTER KOLNEDER: Zur Frage der Vivaldi-Kataloge. In: AfMf 1954, S. 323ff.
45 ARNO REICHERT: Katalog der Handschriften der Sächsischen Landesbibliothek Dresden IV. Leipzig 1923
46 OLGA RUDGE: In margine ai mss. Vivaldiani. In: Quaderno dell'AMC. Siena 1947
47 PETER RYOM: Ergänzungen und Berichtigungen zu dem Verzeichnis der Werke Antonio Vivaldis (kleine Ausgabe). Poitiers 1979
34 PETER RYOM: Les manuscrits de Vivaldi. Kopenhagen 1977
48 T. STRAKOVÁ: Brtnicky hudebnì inventar [Das musikalische Inventar von Pirnitz]. In: Gasopis Moravského Muzea, 1963
49 TADDEO WIEL: I codici musicali contariniani del secolo XVII nella R. Biblioteca di S. Marco in Venezia. Venedig 1888

II. Venedig

1. Stadtgeschichte, insbesondere im Settecento

50 J. Addison: Remarks on several parts of Italy in the year 1701, 1702, 1703. London 1705

51 L'Adria festosa. Notizie storiche dell'arrivo e passaggio della regina delle due Sicilie per lo Stato della Repubblica di Venezia nel suo viaggio al real sposo in Napoli 1738 E del soggiorno di Federico Cristiano figlio di Federico Augusto II. Venedig 1740

52 Elena Bassi: Architettura del sei e settecento a Venezia. Neapel 1962

53 Emmanuele Cicogna: Delle inscrizioni veneziane I–VI. Venedig 1824–1853

54 Emmanuele Cicogna: Saggio di bibliografica veneziana [Capitoli e ordini per il buon governo del Pio Hospitale della Pietà]. Venedig 1847

55 Vincenzo Coronelli: Descrizione di Venezia. Venedig 1724

56 Pierre Daru: Histoire de la république de Venise I–IX. Paris 1853 (4. Aufl.); dt. Leipzig 1859

57 Carlo Donzelli: I pittori veneti del settecento. Florenz 1957

58 Jean Georgelin: Venise au siècle des lumières. Paris/Den Haag 1978

59 Guida de'Forestieri per osservare il più riguardevole nella città di Venezia. Venedig 1713 (15. Aufl.)

60 Norbert Jonard: Au crépuscule de la Sérénissime. In: Antonio Vivaldi (Génies et Réalités). Paris, 1975, S. 31 ff. [s. 93]

61 Norbert Jonard: La Vie quotidienne à Venise au XVIIIᵉ siècle. Paris 1965

62 Joseph [de] Lalande: Voyage d'un François en Italie fait dans les années 1765 et 1766. Venedig / Paris 1769

63 Libri commemoriali della Repubblica di Venezia regesti. III Venedig 1883 und V Venedig 1901

64 Pompeo Gherado Molmenti: La storia de Venezia nella vita privata dalle origini alla caduta della repubblica I – III. Bergamo 1905 ff. (4.Aufl.); dt.[Die Venetianer. Geschichte und Privatleben. Von der Gründung bis zum Verfall der Republik] Hamburg 1886

65 Eugenio Musatti: I Monumenti di Venezia. Venedig 1893

66 G. B. Netanavi: Breve descrizione di Venezia. Venedig 1715

67 S. Romanin[i]: Storia di Venezia I–IX. Venedig 1854–1860 und Florenz 1875

68 Giuseppe Tassini: Feste, Spettacoli e piaceri degli antichi Veneziani. Venedig 1890

69 Edward Wright: Some observations made in travelling through France Italy [...] in 1720–1722. London 1730

2. Das Musikleben. Theater und andere musikalische Einrichtungen

70 Denis Arnold: Instruments and Instrumental Teaching in the Early Italian Conservatoires. In: The Galpin Society Journal 1964

71 Denis Arnold: Orchestras in Eighteenth-Century Venice. Ibid.

72 Denis Arnold: Orphans and Ladies – The Venetian Conservatoires (1680–1790). In: Proceedings of the Royal Musical Association Vol. 89 [1962/63], S. 31 ff.

73 Gino Benzoni: Venezia al tempo di Vivaldi. In: Antonio Vivaldi da Venezia all'Europa. Mailand 1978, S. 30 ff. [s. 95]

74 G. G. Bernardi: La musica a Venezia nell'età di Goldoni. Venedig 1908

75 A. Bonaventura: I Conservatorii veneziani. In: La critica musicale. Florenz [Juni] 1918

76 Francesco Caffi: Lettre a Cicogna. In: 53/V

77 Francesco Caffi: Storia della musica sacra nella già Capella Ducale di San

146

Marco in Venezia dal 1318 al 1797 I–II. Venedig 1854/55
78 FRANCESCO CAFFI: Storia della musica teatrale. Ms in der Biblioteca Nazionale Marciana di Venezia, Ms. It. Cl. IV [Cod. 747]
79 Dissertation critique sur l'Etat present de l'Italie concernant les Sciences et les Arts. In: Mercure de France. [Paris] décembre 1731
80 F. GALANTI: Carlo Goldoni e Venezia nel secolo XVIII. Padua 1882
81 L. N. GALVANI [= G. SALVIOLI]: I teatri musicali di Venezia nel secolo XVII 1637–1700. Mailand 1879
82 NICCOLA MANGINI: I teatri di Venezia. Mailand 1974
83 FRANÇOIS MISSON: A new voyage to Italy. London 1695
84 PHILIPPE MONNIER: Venise au XVIIIᵉ siècle. Paris 1907
85 ESTER PASTORELLO: Tipografi, editori, librai a Venezia nel secolo XVI. Florenz 1924
86 Abbé RAGUENET: Paralele des Italiens et des François, en ce qui regarde la Musique et les Opera. Paris 1702; zeitgenössischer Nachdruck Amsterdam [Estienne Roger] o. D. [1703?]
87 LUIGI RICCOBONI: Réflexions historiques et critiques sur les différents théâtres de l'Europe. Paris 1738
88 JOLANDO SCARPA [Hg.]: Arte e musica all'Ospedaletto – Schede d'Archivio sull'attività musicale degli Ospedali dei Derelitti e dei Mendicanti di Venezia (secc. XVI–XVIII). Venedig 1978
89 Splendor magnificentissima urbis venetarum. Leiden o. D. [ca. 1740]
90 A. TESSIER: La Décoration théâtrale à Venise. In: La Revue de l'art ancienne et moderne. [Paris] 1928
91 TADDEO WIEL: I Teatri musicali veneziani del settecento. Venedig 1897
92 A. ZARDO: Teatro veneziano del settecento. [Venedig] 1925

III. Antonio Vivaldi

1. Sammelwerke

93   Antonio Vivaldi (Génies et Réalités). Paris 1975
94   Antonio Vivaldi. Quaderno dell'AMC XV, Siena 1947
95   Antonio Vivaldi da Venezia all'Europa. (Hg. FRANCESCO DEGRADA und MARIA TERESA MURARO). Mailand 1978
96   Antonio Vivaldi – la scuola veneziana. Siena 1941 [AMC]
97   Antonio Vivaldi – Note e Documenti sulla vita e sulle opere. Siena/Rom 1939 [AMC]
98   Antonio Vivaldi [Numero speciale della NRMI in occasione del terzo centenario della nascita]. Rom [Januar/März] 1979
99   Antonio Vivaldi – Teatro musicale, cultura e società. (Hg. GIOVANNI MORELLI und LORENZO BIANCONI). Florenz 1982
100 Convegno Vivaldiano. Venedig 1978
101 Informazioni e studi Vivaldiani. [Boll 1]. Mailand 1980
102 Informazioni e studi Vivaldiani. [Boll 2]. Mailand 1981
103 Informazioni e studi Vivaldiani. [Boll 3]. Mailand 1982
103a Informazioni e Studi Vivaldiani. [Boll 4]. Mailand 1983
103b Informazioni e Studi Vivaldiani. [Boll 5]. Mailand 1984
104 Vivaldi Informations I. Kopenhagen 1971/72
105 Vivaldi Informations II. Kopenhagen 1973
 37 Vivaldi-Studien. Referate des 3. Dresdner Vivaldi-Kolloquiums; mit einem Katalog der Dresdner Vivaldi-Handschriften und -Frühdrucke Dresden 1981
106 Vivaldi Veneziano Europeo. (Hg. FRANCESCO DEGRADA). Florenz 1980

2. Allgemeine Untersuchungen zu Leben und Werk

107 MICHELANGELO ABBADO: Antonio Vivaldi. Turin 1942
108 ROLAND DE CANDÉ: Vivaldi. Paris 1967
109 SUZANNE CLERCX: A propos de Vivaldi. In: Revue Internationale de Musi-
    que I/4. Brüssel [Oktober] 1938
110 FRANCESCO DEGRADA: Attualità di Vivaldi. In: 97
111 GIOCONDO FINO: Antonio Vivaldi. In: Il Momento. Turin [Mai] 1927
112 REMO GIAZOTTO: Antonio Vivaldi. Turin 1973
113 G. GUERRINI: Antonio Vivaldi. Florenz 1951
114 ALAN KENDALL: Vivaldi. London 1978
115 WALTER KOLNEDER: Antonio Vivaldi 1678–1741 – Leben und Werk. Wiesba-
    den 1965
116 WALTER KOLNEDER: Aufführungspraxis bei Vivaldi. Winterthur 1973 (2.
    Aufl.)
117 WALTER KOLNEDER: Der Aufführungsstil Vivaldis. In: ÖMZ 1964
118 WALTER KOLNEDER: Die Vivaldi-Forschung – Geschichte, Probleme, Aufga-
    ben. In: ÖMZ 1967
119 WALTER KOLNEDER: Melodietypen bei Vivaldi. Zürich 1973
120 NORBERT LOESER: Vivaldi. Haarlem 1959
121 S. A. LUCIANI: Vivaldi. In: Bollettino bibliografico-musicale. Mailand [Ja-
    nuar] 1928
122 FRANCESCO MALIPIERO: Antonio Vivaldi. In: Il filo d'Arianna. Turin 1966
123 MARCEL MARNAT: Vivaldi. Paris 1965
124 MARC PINCHERLE: Antonio Vivaldi nella critica dal' 700 a oggi. In: RaM 1947,
    S. 302 ff.
125 MARC PINCHERLE: L'edizione delle opere di Antonio Vivaldi. In: RaM 1951
126 MARC PINCHERLE: Vivaldi. Paris 1955
127 MARIO RINALDI: Antonio Vivaldi. Mailand 1943
128 G. ROBERTI: La musica in Italia nel secolo XVIII. In: RMI 1900
129 PETER RYOM: La Situation actuelle de la musicologie vivaldienne. In: AM
    LIII/1981, S. 120 ff.
130 MICHAEL TALBOT: Vivaldi. London 1978
131 V. TERENZIO: Temi Vivaldiani. In: RaM 1953
132 JULIEN TIERSOT: Vivaldi. In: Le Ménestrel. Paris [Juni] 1929
133 ALCEO TONI: Una nuova antica gloria musicale italiana – Antonio Vivaldi. In:
    Il Primato. Mailand [Dezember] 1919
134 FAUSTO TORREFRANCA: Modernità di Antonio Vivaldi. In: Nuova antologia.
    [August] 1942
135 FAUSTO TORREFRANCA: Problemi vivaldiani. Kb Basel 1949

3. Zur Biographie

136 CLAUDE BAIGNÈRES: Vivaldi – Vie, mort et resurrection. Paris 1955
137 UGO BATTISTELLA: Don Antonio Vivaldi. In: Le tre Venezie. Venedig [Sep-
    tember] 1938
138 PIETRO BERRI: La malattia di Vivaldi. In: Musica d'oggi. [Januar] 1942
139 F. BURKLEY: Priest-Composers of the Baroque – a Sacred-Seculiar Conflict.
    In: MQ 1968
140 ADRIANO CAVICCHI: Inediti nell'epistolario Vivaldi-Bentivoglio. In: RMI
    1967, S. 45 ff.
  4 ALEXANDRE-ÉTIENNE CHORON und FRANÇOIS-JOSEPH FAYOLLE: Diction-
    naire historique des musiciens. Paris 1811
141 FRANCESCO DEGRADA: Un'inedita testimonianza settecentesca sull' Ospedale
    della Pietà. In: Il Convegno Musicale. Turin 1975

7 ROBERT EITNER: Biographisch-Bibliographisches Quellen-Lexikon der Musiker und der Musikgelehrten. Leipzig 1904
6 FRANÇOIS-JOSEPH FÉTIS: Biographie universelle des musiciens VIII. Paris
1865 (2. Aufl.)
3 ERNST LUDWIG GERBER: Historisch-biographisches Lexicon der Tonkünstler
II. Leipzig 1792
142 WALTER KOLNEDER: Antonio Vivaldi – Dokumente seines Lebens und Schaffens. Wilhelmshaven 1979
143 WALTER KOLNEDER: Antonio Vivaldis pädagogische Tätigkeit in Venedig.
In: Mf 1952, S. 341 ff.
144 WALTER KOLNEDER: Biographisches um Antonio Vivaldi. In: ÖMZ 1952,
S. 53 ff.
145 WALTER KOLNEDER: Intorno alla biografia di Antonio Vivaldi. In: Tavola
rotonda sul tema «Il punto su Antonio Vivaldi». Urbino 1978
146 FRANCESCO MALIPIERO: Un frontespizio enigmatico. In: Bolletino bibliografico-musicale. Mailand [Januar] 1930
147 H. MENDEL und A. REISSMANN: Musicalisches Konversationslexicon. Berlin
1879 [S. 117 ff.]
148 CESARE MUSATTI: Un teatro veneziano che non c'è più – il Sant' Angelo. In: Il
Marzocco. Venedig [November] 1923
149 Ospitali e luoghi pii. [Verwaltungsakten, Kassenbücher etc. des Pio Ospedale
della Pietà]. Ms im Archivio di Stato di Venezia
150 HEDY PABISCH: Neue Dokumente zu Vivaldis Sterbetag. In: ÖMZ 1972,
S. 82 f.
151 EMIL PAUL: La Date de naissance de Antonio Vivaldi. In: Kb des Centre
International Vivaldi. Brüssel 1963
152 MARC PINCHERLE: Antonio Vivaldi – saggio biografico. In: RaM [November]
1929, S. 513 ff. und [Dezember] 1929, S. 599 ff.; frz. in: Revue de Musicologie.
Paris [August und Oktober] 1930
153 MARC PINCHERLE: Vivaldi e gli Ospedali di Venezia. In: RaM [September/
Oktober] 1937; engl. in: MQ [Juli] 1938, S. 300 ff.
154 RAFFAELLO DE RENSIS: L'abbate Antonio Vivaldi. In: Giornale d'Italia.
Rom [Oktober] 1928
155 MARIO RINALDI: La data di nascita d'A. Vivaldi. In: Quaderni dell'AMC.
Siena 1943
156 ULDERICO ROLANDI: Antonio Vivaldi nell'enigmatico frontespizio del Teatro
alla moda. In: Musica d'oggi. [Januar] 1940
157 OLGA RUDGE: Lettere e dediche di Antonio Vivaldi. Siena 1942
10 ARCANGELO SALVATORI: Antonio Vivaldi (il Prete Rosso), note biografiche.
In: R mensile della Città die Venezia. Venedig 1928
158 GUSTAV SCHILLING: Encyclopedie der gesammten musicalischen Wissen-
schaften oder Universal-Lexicon der Tonkunst VI. Stuttgart 1838
159 FEDERIGO STEFANI: Sei lettere di Antonio Vivaldi veneziano. Venedig 1871
160 ROGER-CLAUDE TRAVERS: La Maladie de Vivaldi. Poitiers 1982
161 FRANCESCO VATIELLI: Un ritratto di A. Vivaldi? In: RaM [Mai/Juni] 1938
162 TOMISLAV VOLEK und MARIE SKALICKÁ: Vivaldis Beziehungen zu den böhmischen Ländern. In: AM 1967, S. 64 ff.
2 JOHANN GOTTFRIED WALTHER: Musicalisches Lexicon oder Musicalische Bibliothek. Leipzig 1732

4. Zu den Werken

a) Opern (Antonio Vivaldi und die Oper des Settecento)

163 Anonymus. Le diavoli in maschera. [Venedig] o. J. [1726]
164 A. L. BELLINA (und B. BRIZI und M. G. PENSA): I libretti vivaldiane. Re-

censione e collazione dei testimoni a stampa. Florenz 1982

165 MASSIMO BRUNI: Letture vivaldiane – «Arsilda regina di Ponto». In Volti musicali di Falstaff. Siena 1961
166 MASSIMO BRUNI: L'opera veneziana – espressione e imaginazione in Vivaldi. In: GUGLIELMO BARBLAN (Hg.): Storia dell'opera I/1. Turin 1976
167 MASSIMO BRUNI: Postille e appunti sulla «Griselda» di Vivaldi. In: Memorie e contributi alla musica del Medioevo all'età moderna offerti a F. Ghisi nel settantesimo compleanno. Bologna 1971
168 D. BURROWS: Style in Culture – Vivaldi, Zeno and Ricci. In: Journal of Inter-disciplinary History 1973
169 ALDO CASELLI: Catalogo delle opere liriche pubblicate in Italia. Florenz 1969
170 GINO CORTI: Il teatro La Pergola di Firenze e la stagione d'opera per il carne-vale 1726–1727: lettere di Luca Casimiro degli Albizzi a Vivaldi, Porpora ed altri. In: RIdM XV/1980, S. 182ff.
171 C. DASSORI: Opere e operisti. Genua 1903
172 ANDREA DELLA CORTE: «L'Olimpiade». In: La Stampa [August] 1939
173 GABRIELE FANTONI: Storia universale del Canto. Mailand 1873
174 REMO GIAZOTTO: La guerra dei palchi. In: NRMI 1967/68
175 ANTONIO GROPPO: Catalogo di tutti i Drammi per Musica recitati ne'Teatri di Venezia dall'anno 1637 [...]. Venedig 1745
176 A. HEUSS: Die venetianischen Opern-Sinfonien. In: SIMG IV 1902/03, S. 404ff.
177 HERMANN KRETZSCHMAR: Beiträge zur Geschichte der venezianischen Oper. In: Peters Jb 1907, S. 71ff.
178 VITTORIO MALAMANI: Il teatro lirico a Venezia nel secolo XVIII. In: Archivio Veneto I. Venedig 1927
179 G. B. MANCINI: Pensieri e riflessioni pratiche sopra il canto figurato. Wien 1744
180 NICCOLA MANGINI: Sui rapporti del Vivaldi col teatro di Sant'Angelo. In: Venezia e il melodramma nel Settecento. Florenz 1978
181 Anonym [= BENEDETTO MARCELLO]: Il Teatro all moda. [Venedig] o. D. [1720]
182 RAFFAELO MONTEROSSO: Vivaldi operista. [Programmheft der Piccola Scala di Milano]. Mailand 1962
183 MARIA TERESA MURARO (Hg.): Illusione e pratica teatrale. Venedig 1975
184 H. NIETAN: Die Buffoszenen der spätvenezianischen Oper (1680– -1710). Diss. Halle 1925
185 MARIO RINALDI: Il teatro musicale di Antonio Vivaldi. Florenz 1979
186 ULDERICO ROLANDI: Alla riscoperta di Vivaldi operista. In: Collectanea Hi-storiae Musicae IV. Florenz 1966
187 LEWIS E. ROWELL: Four Operas of Antonio Vivaldi. Diss. University of Ro-chester 1959
188 PETER RYOM: Les relations entre les opéras et la musique instrumentale. In: Il melodramma nel Settecento. Venedig 1978
189 A. SANDBERGER: Zur venezianischen Oper. In: Peters Jb 1924
190 REINHARD STROHM: Italienische Opernarien des frühen Settecento. Köln [Analecta Musicologica 16/I–II] 1976
191 REINHARD STROHM: Zu Vivaldis Opernschaffen. In: Il Melodramma nel Set-tecento. Venedig 1978
192 HELLMUTH CHRISTIAN WOLFF: Vivaldi und der Stil der italienischen Oper. In: AM 1968, S. 179ff.
193 ALFRED WOTQUENNE: Alphabetisches Verzeichnis der Stücke in Versen aus den dramatischen Werken von Zeno, Metastasio und Goldoni. Leipzig 1905
194 APOSTOLO ZENO: Lettere di Apostolo Zeno. Wien 1785 (2. Aufl.)
195 APOSTOLO ZENO: Poesie drammatiche. Venedig 1744

b) Geistliche und weltliche Vokalwerke

196 R. Casimiri (und A. Vicentini): Oratorii in Roma. In: NASM [September/ Dezember] 1936

197 M. M. Dunham: The Secular Cantatas of Antonio Vivaldi in the Foà Collection. Diss. University of Michigan 1969

198 P. Isotta: «Dixit Dominus Domino meo» – struttura e semantica in Haendel e Vivaldi. In: R internazionale di musica sacra II/198, S. 247ff.

199 S. A. Luciani: La «Juditha» e messa in scena. In: Quaderno dell'AMC. Siena 1947

200 H. Maurer: The Independant Arias of Antonio Vivaldi in Foà XXVIII. Diss. University of Indiana 1974

27 Raimund Rügge: Die Kirchenmusik von Antonio Vivaldi. In: Schweizerische Musikzeitung CXI/3, 1971

201 Eleonore Zeim: Sinfonia und Ritornello als Intermedien in der Kirchenmusik in der ersten Hälfte des 17. Jahrhunderts. Diss. Halle 1950

c) Instrumentalwerke

202 Klaus Beckmann: Antonio Vivaldi oder I. Meck? – Zum Echtheitsproblem des Concerto P. 127 [RV 134]. In: Kb International Musicological Society Kopenhagen 1972. Kopenhagen 1974

203 Alfredo Bonaccorsi: Contributo alla storia del Concerto Grosso. In: RMI 1932, S. 467ff.

204 Rudolf Eller: Die Entstehung der Themenzweiheit in der Frühgeschichte des Instrumentalkonzerts. In: Festschrift Heinrich Besseler 1962

205 Rudolf Eller: Die Konzertform Antonio Vivaldis. Leipzig 1957

206 Hans Engel: Das Concerto Grosso. Köln 1962

207 Hans Engel: Das Instrumentalkonzert. Leipzig 1932

208 I. Farup: Vivaldis anvedelse of flojteinstrumenter. Diss. Universität Kopenhagen 1974

209 E. Grossato: Un inedito Vivaldiano dedicato alla «Solennità di S. Antonio». In: Il Santo 1978

26 Karl Heller: Die deutsche Überlieferung der Instrumentalwerke Vivaldis. Leipzig 1971

210 A. Hutchings: The Baroque Concerto. London 1961

20 Hans Rudolf Jung: Die Dresdner Vivaldi-Manuskripte. In: AfMw XII/ 1955

211 W. E. Köhler: Beiträge zur Geschichte und Literatur der Viola d'amore. Berlin 1938

212 H. Knödt: Zur Entwicklungsgeschichte der Kadenzen im Instrumentalkonzert. In: SIMG XV 1913/14

213 Walter Kolneder: Antonio Vivaldi e la forma del concerto solistico. In: Convegno Vivaldiano. Venedig 1958

214 Walter Kolneder: Das Frühschaffen Antonio Vivaldis. In: Kb Utrecht 1952, S. 254ff.

215 Walter Kolneder: Die Klarinette als Concertino-Instrument bei Vivaldi. In: Mf 1951, S. 181ff.

216 Walter Kolneder: Die Solokonzertform bei Vivaldi. Straßburg/Baden-Baden 1961

217 Walter Kolneder: Il concerto per due trombe [RV 537] di Antonio Vivaldi. In: Tavola rotonda sul tema «Il punto su Antonio Vivaldi». Urbino 1978

218 Walter Kolneder: Noch einmal: Vivaldi und die Klarinette. In: Mf 1955, S. 209ff.

219 Walter Kolneder: Vivaldi als Bearbeiter eigener Werke – Ein Fagottkonzert [RV 485], eingerichtet für Oboe [RV 457]. In: AM XXIV/1955, S. 45ff.

220 Guido Laccetti: Due sonate sonosciute di A. Vivaldi. In: San Pietro a Ma-

jella. Neapel [März] 1938

221 D. LASOKI: Vivaldi an the Recorder. In: American Recorder 1968; Nachdruck in: Recorder Monthly Magazine 1969
222 WALTER LEBERMANN: Zur Besetzungsfrage der Concerti Grossi von Antonio Vivaldi. In: Mf 1954, S. 337 ff.
223 PAUL MAGNETTE: Notes sur le Concerto grosso. In: Le Courrier musical. Paris [Oktober] 1910
224 WILLIAM S. NEWMAN: The Sonatas of Albinoni and Vivaldi. In: JAMS 1952, S. 99 ff.
 17 MARC PINCHERLE: Antonio Vivaldi et la musique instrumentale I–II. Paris 1948
225 MARC PINCHERLE: La Naissance du Concerto. In: Le Courrier musical. Paris [Oktober] 1930
226 J. G. PROD'HOMME: La Question du concerto. In: ZIMG IV 1902/03
227 EUGEN RAPP: Beiträge zur Frühgeschichte des Violoncellkonzerts. Diss. Würzburg 1934
228 HOWARD R. RARIG (jun.): The Instrumental Sonatas of Antonio Vivaldi. Diss. University of Michigan 1958
229 ARNOLD SCHERING: Die freie Kadenz im Instrumentalkonzert des 18. Jahrhunderts. In: Kb der IMG. Basel 1906
230 ARNOLD SCHERING: Geschichte des Instrumentalkonzerts. Leipzig 1905 (2. Aufl. 1927)
231 ARNOLD SCHERING: Zur instrumentalen Verzierungskunst im 18. Jahrhundert. In: SIMG VII 1905/06
232 MICHAEL TALBOT: The Concert Allegro in the Early Eighteenth Century. In: Music and Letters 1971
233 MICHAEL TALBOT: Vivaldi e lo chalumeau. In: RIdM XV/1980, S. 163 ff.
234 LUIGI TORCHI: La musica istrumentale in Italia nei secoli XVI, XVII e XVIII. In: RMI 1897/1900
235 F. WILDHAGEN: Von der Viola d'amore. In: Die Geige III. Berlin 1938

IV. Antonio Vivaldi und seine Zeit

1. Vivaldi als Geiger – Einfluß und Wirkung

  8 ALBERTO BACHMANN: Les grands violinistes du passé. Paris 1913
236 ?. BRIJON: Réflexions sur la musique et sur la vraie manière de l'exécuter sur le Violon. Paris 1763
237 ANTONIO CAPRI: Giuseppe Tartini – Monografia edita in occasione del concerto per ricordare il 250° anniversario della nascita 1692–1942. Mailand 1942
238 MINOS DOUNIAS: Die Violinkonzerte G. Tartinis als Ausdruck einer Künstlerpersönlichkeit und einer Kulturepoche. Wolfenbüttel/Berlin 1935
239 FRANZ FARGA: Geigen und Geiger. Zürich 1940 (2. Aufl.) und 1983 (7. Aufl.)
240 ANDREAS MOSER: Geschichte des Violinspiels. Berlin 1923
241 ANDREAS MOSER: Die Violinskordatur. In: AfMw 1919
242 E. PAUER: Older writers for the violin. In: Monthly Musical Record London [Februar] 1872
243 MARC PINCHERLE: Feuillets d'histoire du violon. Paris 1927
244 FRANCESCO REGLI: Storia del violino in Piemonte. Turin 1863
245 E. VAN DER STRAETEN: The History of the Violin I–II. London 1933
246 JOSEPH WILHELM VON WASIELEWSKI: Die Violine und ihre Meister. Leipzig 1869; 3. Aufl. 1893

2. Vivaldi und seine Zeitgenossen

a) Vivaldi und Johann Sebastian Bach

247 RUDOLF ELLER: Zur Frage Bach – Vivaldi. In: Kb Hamburg 1956
248 JOHANN N. FORKEL: Über J. S. Bachs Leben, Kunst und Kunstwerke. Leipzig 1802
249 KARL GRUNSKY: Bachs Bearbeitungen und Umarbeitungen eigener und fremder Werke. In: Bach Jb 1912, S. 61 ff.
250 H. G. KLEIN: Der Einfluß der Vivaldischen Konzertform im Instrumentalwerk Johann Sebastian Bachs. Straßburg/Baden-Baden 1970
251 J[ULIUS] RÜHLMANN: Antonio Vivaldi und sein Einfluß auf J. S. Bach. In: NZfM [November] 1867
252 PETER RYOM: La comparaison entre les versions différentes d'un concerto d'Antonio Vivaldi transcrit par J. S. Bach. In: Dansk arbog for Musikforsking. Kopenhagen 1966/67
253 PHILIPP SPITTA: Johann Sebastian Bach I–II. Leipzig 1873
254 PAUL GRAF WALDERSEE: Antonio Vivaldis Violinconcerte unter besonderer Berücksichtigung der von J. S. Bach bearbeiteten. In: VfM I/1885, S. 356 ff.

b) Vivaldi und seine anderen Zeitgenossen

255 ANDREA D'ANGELI: Benedetto Marcello. Mailand 1940
256 CHARLES AVISON: An Essay on Musical Expression. London 1753
257 CONTE BARTOLOMEO BENINCASA: Descrizione della raccolta di stampe di S. Conte Jacopo Durazzo eposta in una dissertazione sull'arte dell'intaglio a stampa. Parma 1784
258 A. BETTAGNO: Caricature di Anton[io] Maria Zanetti. Venedig 1969
259 G. BIADEGO: Per Scipione Maffei. Verona 1904
260 CHARLES-HENRI DE BLAINVILLE: L'Esprit de l'Art musical, ou Réflexions sur la musique et ses différentes parties. Genf 1754; Nachdruck in: JOHANN ADAM HILLER: Wöchentliche Nachrichten und Anmerkungen die Musik betreffend I. Leipzig 1767
261 CHARLES DE BROSSES: Lettres familières sur l'Italie. (Hg. Y. BEZARD). Paris 1931
262 CHARLES BURNEY: A General History of Music from the Earliest Ages to the Present Period. London 1779; 2. Aufl. 1789
263 CHARLES BURNEY: The Present State of Music in France and Italy. London 1773 (2. Aufl.)
264 H. C. CHATFIELD TAYLOR: Goldoni. London 1914 (3. Aufl.)
265 Abbé CONTI: Lettres de M. l'Abbé Conti, noble vénitien, à Madame de Caylus. Ms in der Biblioteca Marciana [Venedig], Ms. fr. append. 58 [collocazione 10102]
266 EDWARD J. DENT: Alessandro Scarlatti. London 1905
267 FRANÇOIS-JOSEPH FAYOLLE: Notices sur Corelli, Tartini, Gaviniès, Pugnani et Viotti. Paris 1810
268 LUIGI FERRARI: L'Abate Antonio Conti et Madame de Caylus. In: Atti del Regio Istituto Veneto di Scienze, Lettere ed Arti. Venedig 1934
269 VLADIMIR FEDOROV: Lettres de quelques voyageurs russes du XVIIIᵉ siècle. In: Festschrift Friedrich Blume. Kassel 1963, S. 112 ff.
270 FRANZ GIEGLING: Giuseppe Torelli – ein Beitrag zur Entwicklungsgeschichte des italienischen Konzerts. Kassel 1949
271 CARLO GOLDONI: Mémoires pour servir à l'histoire de sa vie et à celle de son théatre I–III. Paris 1787
272 CARLO GOLDONI: Prefazione. In: Commedie XIII. Venedig 1761
273 WILLIAM HAYES: Remarks on Mr Avison's Essay on Musical Expression [. . .]

in a Letter from a Gentleman in London to his Friend in the Country. London 1753

274 Sir JOHN HAWKINS: A General History of the Science and Practice of Music. London 1776

275 JOHANN ADAM HILLER: Lebensbeschreibungen berühmter Musikgelehrter und Tonkünstler neuerer Zeit. Leipzig 1784; Neuausgabe Leipzig 1975

276 JOHANN ADAM HILLER: Wöchentliche Nachrichten und Anmerkungen die Musik betreffend I. Leipzig 1767 [vgl. 260]

277 JOHANN MATTHESON: Das beschützte Orchestre. Hamburg 1717

278 JOHANN MATTHESON: Das neu-eröffnete Orchestre. Hamburg 1713

279 JOHANN MATTHESON: Der vollkommene Capellmeister. Hamburg 1739

280 JOHANN MATTHESON: Grundlage einer Ehrenpforte. Hamburg 1740

281 ANTOINE MICHEL: Antonio Vivaldi et François de Lorraine. In: Annales de l'Est. Nancy 1954

282 Z. MOROSINI: Benedetto Marcello e la sua età. Venedig 1881

283 R. G. PAULY: Benedetto Marcello's satire on early 18th-century opera. In: MQ 1948/49

284 MARC PINCHERLE: Corelli et son temps. Paris 1954 (2. Aufl.)

285 EBERHARD PREUSSNER: Die musikalischen Reisen des Herrn von Uffenbach. Kassel 1949

286 JOHANN JOACHIM QUANTZ: Lebenslauf. In: F. W. MARPURG: Historisch-kritische Beyträge I. Berlin 1754 [1755?]

287 JOHANN JOACHIM QUANTZ: Versuch einer Anweisung die Flöte traversière zu spielen. Berlin 1752

288 FRANCESCO VATIELLI: Il Corelli e i maestri bolognesi del suo tempo. In: Arte e vita musicale a Bologna I. Bologna o. D. [1927]

289 FRANCESCO VATIELLI: La genesi del concerto strumentale e Giuseppe Torelli. Ibid.

290 FRITZ ZOBELEY: Rudolf Franz Erwein Graf von Schönborn und seine Musikpflege. Würzburg 1949

3. Vivaldi und das Verlagswesen seiner Zeit

291 CHRISTOPHE-JEAN-FRANÇOIS BALLARD: Catalogue général et alphabétique de musique imprimé ou gravé en France. Paris 1742

292 MICHEL BRENET: La Librairie musicale en France de 1653 à 1790 d'après les Registres de Privilèges. In: SIMG VIII 1906/07

293 JEAN LE CLERC: Catalogue de Musique Tant Françoise qu'Italienne. Paris 1751

294 ALPHONSE GOOVAERTS: Histoire et bibliographie de la typographie musicale dans les Pays-Bas. Anvers 1880

295 M. M. KLEERKOPER und W. P. VAN STOCKUM: De Boekhandel te Amsterdam I. Den Haag 1914

296 A. M. LEDEBOER: De boekdrukkers, boekverkoopers en uitgevers in Noord-Nederland. Deventer 1872

297 FRANÇOIS LESURE: Bibliographie des éditions musicales publiées par Estienne Roger et Michel Charles Le Cène. Paris 1969; darin nachgedruckt: MICHEL CHARLES LE CÈNE: Catalogue des Livres de Musique Imprimés à Amsterdam. Amsterdam 1737

298 FRANÇOIS LESURE: La Datation des premières éditions d'Estienne Roger. In: Kb Bamberg 1953, S. 273 ff.

299 MARC PINCHERLE: Note sur E. Roger und M. C. Le Cène. In: Revue Belge de Musicologie 1947 und 17, S. 294 ff.

300 WILLIAM C. SMITH: A Bibliography of the Musical Works Published by John Walsh during the Year 1695–1720. London 1948

Namenregister

Die kursiv gesetzten Zahlen bezeichnen die Abbildungen

Acciaioli 57
Aetius, Flavius 11
Afabris, Pa(v)olo 19
Albicastro, Henrico 53
Albinoni, Tomaso 66, 87, 109
Aliprandi, Bernardo 110
Amati, Nicola 54
Anna Maria Luisa, Kurfürstin von Florenz 64
Arnauld de Pomponne, Henri-Charles 39
Attila, König der Hunnen 11
Avison, Charles 118

Bach, Johann Sebastian 10, 27, 42, 87, 113, 118, *42*
Bagno, Marchese Antonio Guidi di 86
Benda, Franz 47
Benedikt XIII. (Pietro Francesco Orsini), Papst 72, *72*
Bentivoglio, Marchese Guido d'Aragona 9, 23f, 57, 63, 65, 72, 77, 79, 86, 92, 100f, 111
Beretta, Lorenzo 57
Bering, Vitus 118
Besozzi, Antonio 109
Biber, Heinrich Ignaz Franz 50
Bibiena, Francesco 83, *83*
Boisgelu, Roualle de 22
Bollani, Giuseppe Maria 100f
Bortoli, Giovanni Antonio 40, 109
Britton, Thomas 15
Brosses, Charles de 14, 48, 104, 107, 111, 112, *104*
Brugnoli, Leonardo 53
Brugnolo, Fabrizio 94, 101
Burney, Charles 14
Buxtehude, Dietrich 15

Caffi, Francesco 25
Caldara, Antonio 92, 97
Caldwell, J. 9

Calicchio, Camilla s. u. Camilla Vivaldi
Calzabigi, Raniero de 119
Canal, Bernardo 61, 63
Canaletto (Giovanni Antonio Canal) 14, 61, 63
Capello, Bernardo 94
Capello, Paolina 68
Carissimi, Giacomo 29
Casari, Antonio 16
Cassetti, Giacomo 29
Cavalli, Pier Francesco 13, 77
Caylus, Marthe Le Valois de Villette de Murçay, Comtesse de 75, 88
Chédeville, Nicolas 51
Choron, Alexandre-Étienne 22
Ciconia, Johannes 12, 13
Collalto, Graf Vinciguerra 97, 117
Colleone, Marchese Pietro Emanuele Martinengo 86
Conti, Antonio 75, 88, 90, 91
Corelli, Arcangelo 20f, 53, 54, 78, *52*
Corrette, Michel 51
Croce, Giovanni 13

Dall'O(g)lio, Pietro 25
Dandolo, Enrico, Doge 11
Demoulin, Pierre 113
Denzio, Antonio 97
Donato, Baldissera 13
Dotti, Bartolomeo 58f
Durazzo, Graf Giacomo 119, *118*
Durazzo, Marchese Giuseppe Maria 119

Eitner, Robert 9
Eleonora Magdalena, Kaiserin 66
Elisabeth, Zarin 117
Elisabeth Farnese, Königin von Spanien 72
Ercolani, Graf 39
Erd(t)man(n), Ludovico 108
Erwein, Johann Philipp Franz von 42

Fantorini 59
Farsetti, Antonio 55
Fayolle, François-Joseph 22
Fedeli, Giuseppe 47
Feodor Alexejewitsch III., Zar 15
Ferdinand von Bayern 105
Fétis, François-Joseph 22
Foà, Roberto 119
Fontana, Giovanni Battista 53
Forconi, Alipio 71
Freud, Sigmund 65
Friedrich II. der Große, König von Preu-
ßen 118
Friedrich IV., König von Dänemark und
Norwegen 39, 40, *40*
Friedrich Christian, Kurfürst von Sachsen
106, *106*
Fux, Johann Joseph 92, 96, 114

Gabrieli, Andrea 13
Gabrieli, Giovanni 13
Gabrielli, Domenico 111
Gaetani 78
Gallo, Rodolfo 7
Galuppi, Baldassare 87
Gama, Vasco da 13
Gambara, Allemanno 38
Gambara, Annibale 38
Gandolfi, Antonio 19
Gasparini, Francesco 13, 25, 26, 27, 36f,
39, 41, 44, 74, *36*
Gennaro, Alessandro 28
Gentili, Alberto 119
Gerber, Ernst Ludwig 21, 48, 75
Ghezzi, Pier Leone 9, 72
Giazotto, Remo 16
Giordano, Filippo 119
Girò (Giraud), Anna 18, 65f, 73, 81, 87f,
90, 92f, 97f, 101f, 115, 117
Girò (Giraud), Paolina 65, 73, 87
Gluck, Christoph Willibald Ritter von 76,
118, 119
Gobetti, Francesco 54
Goethe, Johann Wolfgang von 14
Gofriller, Franz (Francesco) 54
Gofriller, Matthias (Matteo) 54
Goldoni, Carlo 9, 22, 45, 65, 74, 79f, 94,
98, *80*
Gradenigo, Pietro 7, 44
Grimani, Michiel 80, 101
Grua, Carlo (Luigi) Pietro 27
Gualandi, Margherita 60, 64
Guardi, Francesco 14
Gurarneri, Giuseppe 54
Guarneri, Pietro 54

Händel, Georg Friedrich 87, 118
Hardouin-Mansart, Jules 15
Harsdörffer, Georg Philipp 15
Hasse, Johann Adolf 93, 97, 99
Hawkins, John 9
Haydn, Joseph 25
Hayes, William 118
Henriette-Anne, Madame de France 24,
86
Holdsworth, Edward 94
Houdon, Jean-Antoine 118

Innozenz XI. (Benedetto Odescalchi),
Papst 15
Iwan VI., Zar 117

Jacchini, Giuseppe Maria 111
Jordaens, Jakob 15

Karl II., König von England 15
Karl VI., Kaiser 26, 66, 90f, 95f, 115, *90*
Klemens XII. (Carlo della Torre Rezzo-
nico), Papst 103
Kolneder, Walter 113

La Cave, François M. 9
La Fayette, Marie-Madeleine, Marquise
de 15
La Fontaine, Jean de 15
Lalli, Domenico (Sebastiano Biancardi)
55, 61, 80, 110
Languet, Jacques-Vincent, Comte de
Gergy 24
Lanzetti 101
Le Cène, Michel 62, 89, 91, 98, 104, 110
Lech, Girolamo 104
Legrenzi, Giovanni 13, 17, 18
Leo I. der Große, Papst 11
Leopold I., Kaiser 66
Liszt, Franz 39
Locatelli, Pietro 53
Locke, Matthew 15
Lotti, Antonio 74, 110
Louise-Elisabeth, Madame de France 24,
86
Luchini, Antonio Maria 63, 76
Ludwig XIV., König von Frankreich 15
Ludwig XV., König von Frankreich 24,
51, 97
Lully, Jean-Baptiste 15

Manelli, Francesco 13
Marcello, Agostino 68
Marcello, Benedetto 68, 70f, 87, 94, *70*
Maria Theresia, Kaiserin 117

Marie Leszczynska, Königin von Frank-
reich 24
Marieschi, Jacopo 114
Marini, Biagio 50, 53
Martinelli, Antonio 110
Massa, Fürst Alderano di 88
Massari, Giorgio 114
Mattheson, Johann 28, 108
Mauri, Alberto 61
Mauri, Filippo 61
Mauro, Antonio 9, 104
de' Medici, Cosimo III, Großherzog von
Toskana 64
Mendel, Hermann 22, 46
Merula, Tarquinio 53
Metastasio, Pietro 64
Michielino 58
Modotto 60, 70
Monferrato, Natale 17, 38
Montagnana, Domenico 54
Montalbano, Bartolomeo 53
Monteverdi, Claudio 13, 77
Morzin, Venceslaw Graf von 97
Mozart, Wolfgang Amadé 25, 52, 119

Nardini, Pietro 87
Negri, Francesco 92
Neri, Massimiliano 53

Orsatti, Giovanni 60, 68
Orseolo, Pietro 26
Ottoboni, Pie(t)ro Kardinal 97

Paganini, Niccolò 48
Paita, Giovanni 39, 43
Palazzi, Giovanni 64
Palestrina, Giovanni Pierluigi da 28, 114
Partecipacio, Justinian, Doge 11
Pasquini, Bernardo 78
Paul, Emil 7
Paumgartner, Bernhard 27
Penati, Onofrio 108
Pesenti, Martino 53
Peter I. der Große, Zar 117
Petrucci, Ottaviano 12
Philipp, Landgraf von Hessen-Darmstadt
7, 63f, 86, 91, 112
Pietruccio (Pieruzzo) 33
Piranesi, Giovanni Battista 83
Pisendel, Johann Georg 46, 50, 54, 62, 97,
45
Pol(l)arolo, Carlo Francesco 110
Porta, Giovanni 27
Predieri, Luca Antonio 114f
Pugnani, Gaetano 53
Purcell, Henry 15

Quantz, Johann Joachim 46, 49, 50, 74,
75, 88, 110, 111, 112, 118
Querini, Francesco 86

Reali, Giovanni 53
Regaznig 42, 110
Reißmann, A. 22, 46
Rion, Ignazio 36, 108
Ristori, Alberto 60
Roger, Estienne 38, 42, 60, 62
Roger, Jeanne 62
Rossini, Gioacchino 77
Rousseau, Jean-Jacques 14, 35, 51
Rueta, Giovanni 39
Ruffo, Tommaso Kardinal 79, 101f, *103*
Rugg(i)eri, Giovanni Martino 31
Ryom, Peter 25, 27, 113

Sala, Giuseppe 38f, 53
Salvi, Antonio 81
Santurini, Francesco 44, 59, 68
Scarlatti, Alessandro 44, 55, 58f, 77
Schilling, Gustav 21, 48
Schönborn zu Wiesentheid, Graf Rudolf
Franz Erwein von 110
Sellas, Matteo 54
Seraphin, Sanctus 54
Shakespeare, William 15
Siber, Ignazio 108, 110
Somis, Giovanni Battista 47
Spada, Bonaventura 33
Spada, Giacomo 33
Sporck, Franz Anton Graf von 93f, 97,
98, *96*
Steno, Michiel, Doge 12
Stradivari, Antonio 54

Talbot, Michael 38
Tartini, Giuseppe 48, 74, *47*
Tecchler, David 54
Tessarini, Carlo 47
Thalberg, Sigismund 39
Theoderich I., König der Westgoten 11
Torelli, Giuseppe 49, 53
Travers, Roger-Claude 90, 115
Treu, Daniel Gottlob (= Fedele, Daniele
Teofilo) 46

Uffenbach, Johann Friedrich Armand
von 9, 44f, 60, 111, *44*

Vandini, Antonio 67, 110
Vatielli, Francesco 10
Viotti, Giovanni Battista 53
Vitali, Tomaso Antonio 53
Vivaldi, Agostino (Großvater) 16
Vivaldi, Agostino (Onkel) 16

Vivaldi, Bonaventuro Tommaso 17
Vivaldi, Camilla 16, 19, 87, 90
Vivaldi, Cecilia Maria 17
Vivaldi, Francesco Gaetano 17
Vivaldi, Giovanni Battista 16f, 38, 39, 43, 44, 59, 87, 90, 92f, 95f
Vivaldi, Giuseppe (Iseppo) 93, 95
Vivaldi, Guido 16
Vivaldi, Margerita Gabriella 17
Vivaldi, Margherita 16
Vivaldi, Ugolino 16
Vivaldi, Vadino 16
Vivaldi, Zanetta Anna 17

Waller (Wahler), Maria Agatha 115
Wasielewski, Joseph Wilhelm von 92
Weiß, Silvius Leopold 111
Willaert, Adrian 13, 27
Wrt(t)by, Graf Johann Joseph 112
Wrt(t)by, Graf Johann Wenceslaus 112

Zanetti(ni), Antonio 54
Zanetto, Peregrino 54
Zelenka, Jan Dismas 47, 87
Zeno, Apostolo 64, 72, *64*
Zeno, Pier Caterino 26

Über den Autor

Michael Stegemann, geboren 1956 in Osnabrück. Studium in Münster (Musikwissenschaft, Romanistik, Philosophie und Kunstgeschichte) und Paris (u. a. Komposition in der Meisterklasse von Olivier Messiaen). 1981 Promotion zum Dr. phil., seitdem Lehrtätigkeit an der Universität Münster. Zahlreiche Arbeiten für Schallplattengesellschaften, Rundfunkanstalten und Verlage (u. a. Herausgeber sämtlicher Klavierwerke von Claude Debussy für die Wiener Urtext Edition). Veröffentlichungen zur Geschichte des Instrumentalkonzerts und zur französischen Musik des 19. und 20. Jahrhunderts. Seit 1982 Redakteur der von Robert Schumann gegründeten «Neuen Zeitschrift für Musik». Das kompositorische Schaffen umfaßt bisher rund 25 Werke; z. Zt. Arbeit an der Oper «Les Enfants terribles» (nach Jean Cocteau).

Quellennachweis der Abbildungen

Liceo Musicale, G. B. Martini, Bologna: 6 / Aus: Hawkins, History of the Science and Practice of Music: 10 / Pinakothek, München: 14 / Foto Niger: 18, 23, 24, 88, 89 / San Giovanni in Bràgora, Libro de battessini: 19 / Aus: Meyers Konversations Lexikon, [6]1909, Leipzig, Bd. 20: 20/21 / Venedig, Museo Correr: 34, 35, 58/59, 64, 79, 80, 115 / Turin, Giordano XXXIV, fol. 22: 32 / Rom, Biblioteca Vaticana: 8, 36 / Porträtarchiv Diepenbroick, Münster (Westf. Landesmuseum): 40, 72, 96, 106 / Scheide Library, Princeton: 42 / Dresden, Kupferstichkabinett: 44, 45 / Venedig, Archivio di Stato: 43, 73, 93, 105 / Dresden, Sächsische Landesbibliothek: 46 / Mailand, Raccolta Bertarelli: 47 / Archiv für Kunst und Geschichte, Berlin (Sammlung Historia Photo): 52 / Archivio fotografico del Comune di Venezia: 59 / Turin, Giordano XXXIX, fol. 172: 66 / Alinari-Giraudon, Mailand: 62 / Turin: Foà XL, fol. 239: 37 / Foà XXXII, fol. 41: 67 / Foà XXXII, fol. 309: 108 / Foto Roberto Pane, Neapel: 77 / Venedig, Fondazione Giorgio Cini: 70, 83 / London, Victoria and Albert Museum: 82 / Lissabon, Musen de Arte Antiga: 84o., 85u. / New York, Sammlung D. Oenslager: 84u. / Leningrad, Eremitage: 85o. / Paris, Bibliothèque Nationale: 91, 99 / Windsor Castle, Royal Library: 95 / Ferrara, Biblioteca Communale Ariostea: 103 / Amsterdam, Toneelmuseum: 102 / Brno, Moravskéko Muzea: 116o. / Aus: Walter Kolneder, Antonio Vivaldi. Dokumente seines Lebens und Schaffens, Wilhelmshaven 1979: 12, 41 / Aus: Walter Kolneder, Antonio Vivaldi, Wiesbaden 1965: 118 / Archiv des Autors: 9, 22, 29, 61, 69, 90, 100, 104, 116u., 117.

Musik

rowohlts monographien
Begründet von Kurt Kusenberg, herausgegeben von Wolfgang Müller und Uwe Naumann.

Wolfgang Amadeus Mozart

Eine Auswahl:

Louis Armstrong
dargestellt von Ilse Storb
(443)

Johann Sebastian Bach
dargestellt von Martin Geck
(511)

Robert Schumann
dargestellt von Barbara Meier
(522)

George Bizet
dargestellt von Christoph Schwandt
(375)

Frédéric Chopin
dargestellt von Jürgen Lotz
(564)

Hanns Eisler
dargestellt von Fritz Hennenberg
(370)

John Lennon
dargestellt von Alan Posener
(363)

Felix Mendelssohn Bartholdy
dargestellt von Hans Christoph Worbs
(215)

Elvis Presley
dargestellt von Alan und Maria Posener
(495)

Sergej Prokofjew
dargestellt von Thomas Schipperges
(516)

Giacomo Puccini
dargestellt von Clemens Höslinger
(325)

Gioacchino Rossini
dargestelt von Volker Scherliess
(467)

Heinrich Schütz
dargestellt von Michael Heinemann
(490)

Richard Strauss
dargestellt von Walter Deppisch
(146)

Richard Wagner
dargestellt von Hans Mayer
(029)

rowohlts monographien

Ein Gesamtverzeichnis der Reihe *rowohlts monographien* finden Sie in der *Rowohlt Revue*. Jedes Vierteljahr neu. Kostenlos. In Ihrer Buchhandlung.